그림 엄마

ⓒ Calder Foundation, New York / ARS, New York - SACK, Seoul, 2011
ⓒ The Andy Warhol Foundation for the Visual Arts, Inc. / SACK, Seoul, 2011
ⓒ 2011 - Succession Pablo Picasso - SACK (Korea)

이 서적 내에 사용된 일부 작품은 SACK를 통해 ARS, Succession Picasso와 저작권 계약을 맺은 것입니다. 저작권법에 의하여 한국 내에서 보호를 받는 저작물이므로 무단 전재 및 복제를 금합니다.

그림엄마

지은이 한젬마
펴낸이 임상진
펴낸곳 (주)넥서스

초판 1쇄 인쇄 2011년 5월 10일
초판 9쇄 발행 2019년 7월 25일

출판신고 1992년 4월 3일 제311-2002-2호
주소 경기도 파주시 지목로 5
전화 (02)330-5500 팩스 (02)330-5555
ISBN 979-11-6165-639-7 13630

저자와 출판사의 허락 없이 내용의 일부를
인용하거나 발췌하는 것을 금합니다.
저자와의 협의에 따라서 인지는 붙이지 않습니다.

가격은 뒤표지에 있습니다.
잘못 만들어진 책은 구입처에서 바꾸어 드립니다.

www.nexusbook.com

평범한 엄마가 세계 인재를 만드는 창의력 레시피

그림 엄마

한젬마 지음

넥서스주니어

추천사

단순하고, 쉽고, 아이 같은 미술 프로그램

우리나라에는 왜 스티브 잡스, 빌 게이츠처럼 아이디어 하나로 세계적인 인물이 된 사람이 없을까? 왜 하다못해 일본 닌텐도사의 게임기조차 만들지 못했을까? 이는 남다르게 생각하는 힘과 마음껏 상상하는 힘을 키우지 못해서가 아닐까. 우리는 학교에서 집에서 아이들에게 주로 기억력에 의존하는 공부를 하게 한다. 안타깝게도 이것은 20대가 지나면 효용가치가 끝이다. 그 이후는 창의력으로 살아야 한다. 그런데 어른이 된 후에 이를 깨닫는다면 너무 늦다.

좁은 골목에서 달리기를 한다고 해보자. 잘해야 1, 2, 3등이다. 하지만 하늘처럼 열린 공간을 상상해 보라. 360명이 360도의 다른 방향으로 날면 360명 모두가 1등이 될 수 있다. '넘버 원'이 아니라 '온리 원'이 되는 창의력 경주, 이것이 우리 아이들이 살아갈 미래의 모습이다.

교육·과학·예술 분야의 많은 학자들이 오늘날 창의력 교육에 대한 다양한 해법을 내놓고 있다. 그 가운데 가장 주목받는 것은 '통합 예술교육'이다. 프랑스, 핀란드, 영국 등 문화 선진국에는 이미 언어적·논리적·과학적 사고를 위주로 하는 학문과 예술 활동을 버무리는 수업 위주로 공교육의 판을 새로 짜고 있다. 이는 내가 오래 전부터 주창해 온 '창조교육'과 매우 닮았다. 학문과 학문 사이를 자유롭게 넘나들고 모든 학문을 예술과 접목해 복합적인 창조 활동이 되게 하는 것. 이런 과정 속에서 아이들은 스스로 온리 원이 되는 방법을 찾을 수 있을 것이다.

"캠벨 수프를 먹으면 수프가 되고, 캠벨 수프를 벽에 붙이면 예술이 된다."고 했던 팝아트의 거장 앤디 워홀을 떠올려 보자. 일상적인 삶에서 살짝 벗어나서 생각하고 행동하는 것이 창의력의 핵심이다. 다른 말로 일상에 예술의 옷을 입히는, 삶을 예술로 바꾸는 일인 것이다.

전통적으로 미술이라고 부르는 학문은 원래 시각 요소를 중심으로 남다른 사고를 하게 하는 학문이다. 그래서 시대적 요구에 맞게 창의력의 도구로써 미술의 활용을 고민하는 저자의 시도는 매우 반갑다. 특히 이 책에서 제시하는 미술 활동들의 제안은 공교육에서 건드리지 못했던 생활 속 미술 프로그램으로 아주 쉽고 일상적이면서 실용적인 가치가 있다. 그럼에도 '단순하고, 쉽고, 아이 같은' 근본적인 창조성의 핵심도 건드려 준다.

교육학의 스승이자 창의력 계발의 전문가인 켄 로빈슨(Ken Robinson)박사는 창의력 교육의 해답은 '한 사람 한 사람 각각의 고유한 엘리먼트를 찾아주는 것'이라고 했다. 이 책에서 제안하는 일상 미술로 엄마들이 아이만의 고유한 창의력을 찾을 수 있기를 기대해 본다.

2011년 5월
이어령

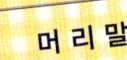 **머리말**

삶을 즐겁게
아이를 창의적으로 만드는
그림 엄마

일상에서 창의력 키워 주는 그림 엄마

세상이 미술과 소통하기를 원하는, 무엇보다 미술로 대중과 소통하고 싶은 열망이 가득했던 시절, 나는 한 공중파 미술 프로그램을 진행하게 되었다. 나는 미술이 대중과 잘 만날 수 있기를, 최대한 채널이 돌아가지 않기를 소망했다. 그 과정에서 탄생한 '그림 읽어주는 여자.'

지난 십 년간 내게는 줄곧 그림 읽어주는 여자라는 애칭이 따라다녔다. 그 덕에 여러 미술 프로그램, 미술 교양 강좌, 공공미술 프로젝트 등을 진행할 수 있었다. 또 미술을 통해서 수많은 사람들을 만날 수 있었다. 가는 곳마다 사람들은 미술에 관한 한 많은 질문들을 쏟아 내서 내가 마치 미술 카운슬러라도 된 듯한 느낌을 받았었다.

요즘은 그 카운슬링의 초점이 아이에게로 넘어갔음을 느낀다. 내가 딸을 낳은 뒤로 사람들은 '한젬마의 딸은 미술을 어떻게 가르치나.'로 시작해 아이 미술 교육의 방법을 궁금해하는 것이다.

"젬마 씨 딸은 미술 시키나요?"

"우리 아이가 미술에 소질이 있는데, 학원을 보내는 게 맞을까요?"

"아이가 미술을 전공하면 먹고 살기 힘들지 않을까요?"
"명화집을 사줬는데, 아이가 잘 안 봐요. 어떻게 하죠?"
"우리 아이는 계속 같은 그림만 그려요. 이대로 놔두어도 될까요?"
미술교육이라는 전문 분야가 엄연히 따로 있지만, 사람들은 내게 미술교육 이야기를 듣고 싶어 했다. 하긴 미술 전공자이면서 현역 아티스트이고 대중과 미술로 소통하는 작업을 해 온 사람인, 무엇보다 한 아이의 엄마인 내게서, 생활에 보탬이 되고 육아에 도움도 되는 미술 이야기를 들을 수 있다고 생각하는가 보다. 엄마들에게 내가 해 주는 이야기는 크게 두 가지다. 미술은 엄마들이 생각하는 것 이상으로 아이의 미래를 바꾸는 교육이며 '창의력'을 깨우는 가장 좋은 도구라는 것 그리고 아이에게 특별히 미술교육을 시킬 필요가 없다는 것이다.

미술은 창의력을 깨우는 가장 좋은 도구

레오나르도 다빈치의 예를 굳이 들지 않더라도 실제로 다양한 분야의 과학자들은 어린 시절부터 그림 그리기로 시각 훈련을 즐겨했다는 통계가 있다. 그런가 하면 요즘 세계 유수 기업 인사 담당자들도 미술 전공자들을 매우 선호하고 있다는 객관적인 근거도 있다. 한마디로 창의력과 미술이 매우 밀접한 관계가 있으며 사회에서도 이를 주목하기 시작했다는 이야기이다. 반드시 아이가 미술을 전공해야 한다기보다 어릴 때부터 미술을 배워 두면 창의력 계발에 매우 도움이 되며, 훗날 어느 분야에 가더라도 남다른 창의성으로 두각을 나타낼 수 있다는 말로 정리할 수 있겠다.

요즘 유난히 창의적인 교육을 강조한다. 창의력이야말로 조직을 발전시키는 요소이고, 아이들이 앞으로 살아갈 세상에 꼭 갖추어야할 능력이다. 이제 어느 분야에서건 살아남는 인재들은 남다른 발상과 기획을 하는, 즉 창의력 훈련이 잘된 사람들이다.

요즘 엄마들도 공부 잘하는 아이보다 창의적인 아이로 키우고 싶어 한다. 이를 위해서 나름대로 여러 시도도 하고 있을 것이다. 그런데 이 '창의력'만큼 엄마 세대가 배운 적도 없고, 잘 알지 못하고, 감도 잡기 어려운 분야가 또 있을까? 게다가 넘쳐 나는 육아·교육 정보는 왜 이리 많고 빨리 변하는지. 엄마들은 아이의 잠재력을 미처 알아보지 못할까 봐, 무언가를 주지 못하고 놓치고 있을까 봐 불안하다.

나는 아이 창의력과 미술에 관해서 실용적인 책을 쓰고 싶어서 시중에 나온 많은 관련 책을 보았다. 미술교육 전문 서적은 너무 어려웠고, 미술 놀이를 알려주는 책들은 너무나 화려하고 다양한 미술 체험 프로그램들을 제공하고 있었다. 하지만 솔직히 말하자면 아티스트인 나조차도 그것을 보는 것 자체로 부담이었다.

미술에 자신이 없는 엄마들에게 이런저런 재료며 방식은 아무리 친절하다 할지라도 불편한 정보일 수밖에 없다. 만약 나 역시 그런 프로그램을 접한다면 아무리 놀랍고 새로워도 이 또한 넘쳐나는 육아·교육 정보 중의 하나로 부담스럽게 안식하고 말 것이다. 그래서 미술 하나도 모르는 엄마들을 위한, 미술이 만만해질 수 있는, 생활 속에서 손쉽게 하는 워밍업 프로그램부터 시작해야겠다고 마음먹었다.

일상 미술로 엄마와 아이의 창의력을 동시에 깨우자

창의력을 깨우는 도구로써의 미술은 일단 일상에서 쉽게 어떤 엄마라도 도전할 수 있다. 엄마가 선생님처럼 아이에게 무언가를 해 주어야 하는 미술이 아니기 때문이다. 어쩌면 미술 프로그램이라 하기에도 뭣한, '미술 생활화 제안'이라고 해야 맞을지도 모르겠다. 엄마는 아이가 생활 속에서 스스로 창작하고 즐길 수 있게 환경만 만들어 주면 된다. 그 과정 속에서 아이처럼 엄마 역시 창의력이 깨어나서 '그림 엄마'가 될 수 있다.

이 책의 1장은 미술이 어떻게 창의력을 계발시킬 수 있는가, 2장은 창의력을 높이는 환경과 소품 아이디어 제안, 3장은 생활 속 초간단 미술 놀이법, 4장은 명화와 미술관 활용법이 담겨 있다.

마지막으로 다시 책을 쓸 수 있도록 격려와 기회를 준 권향미 이사님, 유시정 차장님을 비롯한 넥서스 식구들 그리고 일상 미술을 사진에 담아 준 박세진 실장님, 책의 표지부터 구석구석 아름다운 그림들을 넣을 수 있도록 허락해 준 미술 영재 지우 양의 아빠 개그맨 이동우 님. 이 책을 응원해 주신 이어령 전 장관님, 이해인 수녀님, 연극 배우 윤석화 님, 오은영 박사님, 문훈숙 단장님, 유열 대표님께 진심으로 감사를 드린다. 이처럼 따뜻한 기적을 허락해 주신 하느님께 이 책을 바친다.

미술을 일상에 적극적으로 활용하면 아이와 엄마의 삶이 더 창의적이고 더 풍요롭게 변할 수 있다. 자, 이제 선물보따리를 풀어 보자. 차근차근 아이와 함께!

2011년 5월
홍대 작업실에서 한젬마

목 차

추천사
단순하고, 쉽고, 아이 같은 미술 프로그램

머리말
삶을 즐겁게 아이를 창의적으로 만드는 그림 엄마

창의력을 기르는 최고의 도구 '미술'

Part 01

01　왜 성공한 사람 중에 미술 전공자가 많을까? **016**

02　미술과 창의력의 특별한 관계 **022**

03　답답한 틀 깨고 창의 미술로 가는 첫걸음 **028**

04　미술에 대한 편견부터 깨 볼까? **040**

05　만만하고 즐겁게 창의 미술 하세요! **048**
　　🌸 미술적으로 사는 그림 엄마의 조건 **055**

06　창의 미술의 일곱 가지 원칙 **056**
　　아트톡톡 마음까지 치료해 주는 미술 **070**

창의력이 샘솟는 미술 환경 만들기

Part 02

01 아이 꿈이 자라는 아틀리에 **076**
　🌸 비닐 앵글 아틀리에 만들기 **082**

02 꼬마 아티스트로 만드는 소품 아이디어 **084**
　🌸 5분 만에 후딱 비닐 작업복 만들기 **090**
　🌸 5분 만에 뚝딱 비닐 가방 만들기 **093**

03 우리 집이 갤러리가 되었어요! **094**
　`젬마 톡톡` 젬마네 아이 창의 환경 **104**

일상 + 자연 + 미술 놀이

Part 03

01 삶을 창의적으로 만드는 일상 미술 놀이 108
- 하트와 꽃으로 초간단 그림 놀이 **124**
- 영·유아가 할 수 있는 일상 미술 놀이 **129**
- 젬마톡톡 미술 체험 축제를 아시나요? **132**
- 세계 거리에서 만난 일상 아트 뷰 **134**

02 삶을 풍요롭게 하는 자연 미술 놀이 140
- 가 볼 만한 동물원과 식물원 **152**
- 아트톡톡 아름답고 소박한 독일의 놀이 공간 **153**

03 삶을 유쾌하게 하는 멀티 미술 놀이 158
- 요리 재료로 작업한 아티스트들 **162**
- 젬마톡톡 재료 구하기부터가 창작의 시작 **163**
- 한젬마가 추천하는 온갖 창작 재료 살 수 있는 곳 **169**
- 한국실험예술제와 서울 아시테지 겨울 축제 **174**
- 부활절 달걀 놀이 | 크리스마스 미니 트리 만들기 | 겨울철 눈 놀이 | 쿠키와 케이크 만들기 | 돌상 차리기
- 젬마톡톡 한젬마의 미술 놀이터 시리즈 **182**

만만한 명화 놀이하는 미술관

Part 04

01 명화, 감상보다 만만하게 활용하자 188
  🌸 엄마들의 그림 읽어 주기 노하우 **199**

02 우리 명화부터 제대로 알자 200
  🌸 알아두자! 우리나라 대표 화가 11인 **202**
  🌸 한반도 미술 창고 지도 **207**

03 현대미술로 생각의 틀을 깨 보자 208
  아트톡톡 미술이 아름답다고? **215**

04 미술관을 놀이터로 만들자 216
  🌸 알아 두세요! 알찬 미술 정보 사이트 **217**
  🌸 미술관과 갤러리는 무엇이 다를까? **218**
  🌸 추천 어린이 미술관과 박물관 **220**
  아트톡톡 우리도 미술관 축제가 있었으면! **222**

참고문헌 **224**

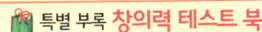 특별 부록 창의력 테스트 북

관찰력 키우기는 예로부터 미술교육의 가장 기본적인 목표였다.
모든 발명과 발견의 바탕은 관찰력이기에 미술교육은 창의력 계발과도
뗄래야 뗄 수 없는 관계이다. 레오나르도 다빈치는 일찍이 그림과 창의력과의
관계를 이렇게 명쾌하게 정의했다.
'그리기는 보는 법 배우기의 기본이며, 제대로 보고 창조하는 능력을
가다듬을 수 있는 가장 좋은 방법이다.'

- 본문 중에서

창의력을 기르는
최고의 도구 '미술'

| 아이의 창의력을 깨우고 운명까지 바꾸는 미술의 재발견 |

01
왜 **성공한** 사람 중에 **미술 전공자**가 많을까?

실용적이고 미래지향적인 미술

"미술요? 난 잘 모르는데……."

내가 미술의 중요성을 이야기할 때마다 사람들은 곧잘 이렇게 말한다. 여기서 말하는 미술이란 서양 명화 감상을 말하는 것이겠지. 하기야 어른들의 삶에서 미술은 우아한 교양 수업뿐일지 모르겠다. 특히 엄마들은 아이를 키우고 살림하며 직장까지 다니느라 바쁜데, 언제 미술 같은 고상한 교양 분야를 생각할 겨를이 있겠는가. 미술은 건강이나 부동산처럼 곧바로 살림살이에 보탬이 되거나 실용적이게 보이지도 않으니까 말이다.

미술이 본인과는 하나도 안 친한 것 같지만, 돌이켜 보면 우리 모두는 한때 미술과 꽤나 친했다. 태어나서 가장 먼저 접하는 교육이 미술교육 아닌가. 우리는 꼬마 때 모두 스케치북에 크레파스로 그림을 그리고 물감놀이 등을 즐겨 했다. 집에서 유치원에서 하루에 몇 작품씩 뚝딱뚝딱 만들어 내곤 했으니까. 미술 놀이에 열정(?)적이던 한때를 지나 초등학교에 들어가서는 학교에서 기초적인 미술교육도 받았다. 하지만 미술과의 인연은 중학교에 갈 즈음부터 점점 멀어지기 시작한다. 이때부터 미술은 학교에서마저 슬그머니 뒷전으로 밀려나서 미술 시간은 준비물만 많고, 입시에 별 도움이 안 되는 수업으로 치부된다. 급기야 전공자가 아니라면 설렁설렁 놀면서 때우기까지 한다.

이렇게 한없이 삶과 멀어진 미술이 깜짝 다시 등장할 때가 있다. 바로 사회인이 된 후 교양이라는 옷을 입은 우아한 미술과 만나게 되는 순간이다. 예전에 내가 텔레비전 미술 프로그램을 진행하면서 대중 앞에 섰을 때, 사람들은 나를 서양 명화에 관한 한 족집게 강사를 모셔온 듯 대했다. 짧은 시간 안에 서양 명화가 보이길 원하는 수많은 이들 앞에서 나는 늘 역부족을 느꼈다. 교양의 한 분야로 한 번쯤 들어 보겠다는 대중 앞에서 미술과의 소통은 쉽지 않았다. 물론 지금은 그때와는 상황이 아주 많이 달라졌다. 이제 미술에 대한 관심은 전반적으로 더 높아졌고, 그 수도 많이 늘었다.

덕분에 나는 곳곳에서 미술 강연에 초청을 받곤 한다. 다양한 교양 강좌 프로그램에서 미술도 필수과목이 된 것이다. 꽤 흐뭇한 일이다. 하지만 강좌에 온 사람들이 미술에 관해 궁금해하는 내용을 들으면 아직도 좀 안타깝다. 전시관 나들이를 가기 위한 워밍업과 노하우 혹은 미술품 경매 및 투자, 아니면 자녀들의 입시 미술 등이 대부분이다. 세월이 지나도 여전히 많은 사람들은 미술의 가치를 이 정도 테두리에서 평가하는 것 같다. 미술이 내 삶의 부분이 아닌, 그저 알아두면 좋을 교양쯤이라고 말이다.

사실 미술이 중요한 이유는 그 어떤 분야보다도 실용적이고 미래지향적인 가치가 있기 때문이다. 미술은 엄마와 아이의 삶, 특히 아이의 미래까지 바꾸는 역할을 할 수 있다. 지금까지는 미처 몰랐던 미술의 가치를 엄마들이 발견했으면 좋겠다.

남다른 발상력이 중요해진 것도 어제 오늘 일이 아닌 요즘, 아이의 창의력을 높여 주는 '미술 육아'를 엄마들이 한 번쯤은 검토해 보아야 한다.

미술 전공자를 좋아하는 인사 담당자들

"사람들이 저보고 창의적이래요. 전 지금까지는 그런 말을 들어본 적이 없거든요."

얼마 전에 절친한 후배 H가 나에게 이런 말을 건넸다. 우린 이 '창의적'이라는 표현에 대해서 한참 대화를 나누었다. 그녀는 원래 창의적인 사람이었다. 그런데 최근에서야 그런 말을 듣는단다. 돌이켜보면 예전엔 '창의적'이라는 표현을 그다지 즐겨 쓰지 않았었다. 대신 '똘똘하다, 명민하다, 똑똑하다, 명석하다, 영리하다.'는 식으로 표현했었다. 요즘은 왠지 '똑똑하다'보다 '창의적이다'가 더 좋은 칭찬 같은 뉘앙스를 풍긴다.

그녀는 내가 다닌 선화예술 중학교를 다녔고 그중에서도 재원이었다. 공부도 잘하고 미술도 잘했는데, 결국 예술 고등학교 대신에 인문계 고등학교를 선택했고, 훗날 그 어렵다는 언론고시에 합격하더니 조선일보에 입사했다. 정치부 기자로 일하면서도 감성적이고 표현력이 탁월하고 밝고 건강하게 세상을 꿰뚫어 보는 능력이 뛰어났다. 현재 그녀는 외국계 회사에서 초고속으로 이사로 승진해 활약 중이다. 어디를 가든 무엇을 하든 잘할 인재인 그녀.

이상하게도 그녀처럼 미술을 공부한 사람들 중 다른 분야로 진입하여 두각을 드러내는 이들이 꽤 있다. 최근에 만난 창조학교의 이청승 사무총장 또한 미대 출신이다. 그는 잘나가던 기업 CEO였고, 전 세종문화회관 사장도 지낸 분으로서 지금은 창조학교에서 새롭고 창의적인 교육에 힘을 쏟고 계신다.

일일이 열거해 말하기 힘들 만큼 내 주변에는 미술을 공부한 뒤, 미술 분야가 아닌 사회 각계각층에서 재능을 발휘하는 이들이 많다. 이 때문에 나는 평소에 "미술하면 뭘 하든 다 잘해요!"라고 농담 반 진담 반으로 이야기하곤 한다. 그런데 반가운 통계자료를 발견했다. 바로 나의 체험적 믿음을 보장해 주는 근거 자료를 찾은 것이다.

> 1993년 맥킨지가 경영 컨설턴트로 선발한 인력 중 MBA 자격증을 가진 사람은 61%에 달했지만 10년이 채 지나지 않아 43%로 줄어들었다. 대신에 예술대학원 졸업생들을 비롯한 다양한 분야의 전공자들이 그 자리를 차지하고 있다.
> 최근 미국의 기업에서 가장 선호하는 입사 자격 조건은 MFA(Master in fine Art, 미술학 석사 학위) 라고 한다.
> 미국에서는 이미 인사담당자들이 인재를 채용하기 위해 명문 예술대학원을 방문하기 시작했고, 이들 MFA 출신들이 20세기 엘리트 그룹을 이끌던 MBA 졸업생의 자리를 잠식하기 시작했다는 사실은 매우 흥미롭다.
> 《새로운 미래가 온다(A Whole New Mind)》미국의 저명한 저널리스트이자 미래 예측 전문가, 다니엘 핑크

미술 전공자가 경영학도를 능가한다니, 감히 생각하거나 발언하기도 힘든 사실 아닌가. 그동안은 내 경험상 미술 전공자들이 창의적이어서 어떤 분야를 맡건 잘 해내는 모습을 보았기에 주변에서 뭘 할지 모르겠으면 일단 미술을 전공해 보라고도 일러 주곤 했다. 미술을 공부해 두면 후에 무엇을 배우든 창의성을 키우는 기초적인 밑거름이 된다는 사실을 잘 알기 때문이다. 그런데 미술 전공자들이 실제로 다양한 분야에서 능력을 인정받고 있다는 객관적인 통계자료를 보니 새삼 미술과 창의성의 관계에 대해서 많은 생각을 하게 되었다.

"젬마 씨 딸이 미술하겠다면 시킬 건가요?"
종종 사람들은 이렇게 묻는다. 딸에게도 미술 학도의 길을 걷게 할 의사가

있는지 떠보는 질문이다. 그때마다 나는 확신을 가지고 말한다.

"당연하죠. 가능한 전 딸이 미술 분야를 전공했으면 좋겠어요. 본인이 원하고 재능이 있다면 말이지요."

예전에는 흔히 성적이 안되어 미술을 전공하는 사람들도 있었기에 미술 전공자에 대한 편견이 여전히 있기는 하다. 하지만 어떤 동기에서도 미술을 전공했다면 그것은 요즘 시대에 행운이라고 볼 수 있다. 미술로 남들보다 빨리 창의성을 키우는 교육을 받았기 때문이고 창의적인 사람이 창의적이지 못한 사람에게 이끌려 갈 수밖에 없는 시대가 된 것이 분명하기에.

"우리 아이가 미술 쪽에 재능이 있는 것 같은데…… 예술가의 길이 너무 험난하지 않을까요?"

이렇게 걱정스럽게 물어 보는 학부모들에게 말해 주고 싶다.

더 이상 예술가를 반 고흐로 단정짓지 말 것이며, 미술을 전공한다고 반드시 예술가가 되어야만 하는 것도 아니라고. 미술을 전공한 뒤 다른 분야로 진출해서 다양한 사회 활동을 할 수 있는 길이 있다고.

남다른 발상력이 무엇보다 중요해진 요즘, 이쯤에서 엄마들이 아이의 창의력을 높여 주는 '창의 미술 육아'를 한 번쯤 검토해 보면 어떨까 싶다.

열심히 그리고 성실히 일하는 것은 아직도 중요하다. 하지만 이것만으로는 사회적 생존을 보장받지 못하는 세상이 우리 눈앞에 전개되고 있다.
우리 사회에서 창조 압력이 높아지고 있는 현상이 벌어지고 있는 것이다.

《창조습관》이홍

02
미술과 **창의력**의 특별한 관계

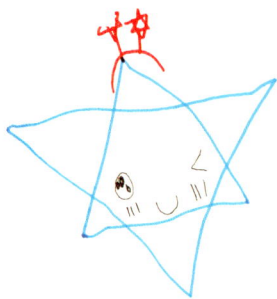

과학자와 발명가가 그림을 그리는 이유는?

　스웨덴의 노벨재단 웹 사이트를 방문하거나 노벨 문학상 수상자의 일대기를 살펴보면 노벨상 수상자들의 1/3이 적어도 한 가지 예술 관련 취미를 갖고 있었으며, 그 대부분은 시각 예술이었다고 나온다. 과학 분야 노벨상 수상자가 많은 나라에 세계적인 미술가도 많다는 사실도 대단히 흥미롭다. 노벨상 수상자를 포함한 40명의 과학자들을 대상으로 조사해 보니 예술적 조예와 시각적 사고 능력, 과학적 성취도 사이에 상당히 밀접한 관련성이 있었다고 한다. 예술적 조예와 시각적 사고 능력을 다른 말로 하면 '미술적 감각'이라고 할 수 있을 것이다.

　우리가 잘 아는 레오나르도 다빈치, 알브레히트 뒤러는 예술가이면서 과학자다. 니콜라우스 코페르니쿠스와 루이 파스퇴르는 과학자이면서 타고난 예술가였다. 물리학자로 잘 알려진 리처드 파인만은 물리학뿐 아니라 드럼을 배우고 그림을 그렸을 정도로 호기심과 열정과 재능이 많은 사람이었다.

의학, 동물학, 생물학, 물리학, 식물학 등 다양한 분야의 과학자들이 화가가 아닌데도 그림을 그렸던 이유는 무얼까? 그들은 어린 시절부터 그림 그리기로 사물을 관찰하는 시각 훈련을 했던 것이다.

미술은 오감 중 시각을 이용하는 대표적인 분야다. 눈은 보고 관찰하는 몫을 한다. '예쁘다, 아름답다, 우울하다, 침침하다, 어둡다, 웃긴다, 상큼하다…….' 우리는 눈을 뜬 이상 세상에 쏟아지는 수많은 이미지들을 보면서 살 수밖에 없다. 본 것은 사고에 영향을 미치기 마련이기에, 우리는 이미지들을 보면서 많은 생각을 한다. 그리고 그 이미지를 기억하고 머릿속에 저장한다.

그런데 누구나 보고 생각하고 기억하지만 시각 훈련을 한 사람과 그렇지 않은 사람은 뭔가가 다르다. 시각 훈련을 한 사람은 일단 세상을 보는 양부터 다르다. 또한 보는 질도 다르다. 시각 훈련을 한 사람들은 사물과 풍경을 더 많이, 더 상세히 관찰하는 능력을 가지고 있다.

시각 훈련을 한 사람과 그렇지 않은 사람에게 같은 사물을 놓고 그림을 그리게 해 보자. 물론 선 긋기나 표현 능력에서 차이가 날 수 있겠지만, 그것은 별 문제가 아니다. 진짜 큰 문제는 훈련을 못 받은 이들은 관찰을 잘 못한다는 것이다. 한마디로, 상세히 보지 못한다. 훈련한 사람은 관찰하는 습관이 몸에 배어서 구석구석 관찰한 것을 잘 표현하는 데 반해, 그렇지 않은 사람은 제대로 못 보니까 그림에서 함부로 생략해 버린다.

자, 일상 생활에서 이 차이는 더욱 크게 벌어진다. 예를 들어 100미터를 걷는다고 해 보자. 시각 훈련을 한 사람들은 그렇지 못한 사람보다 걸으면서 더 많은 것을 더 세밀히 본다. 본 것에 따라 사고의 양은 달라질 수밖에 없다. 그러므로 시각 훈련이 잘된 사람은 사고의 양이 확실히 많을 수밖에 없다.

기본적으로 미술은 관찰력 키우기 훈련이다. 남이 보지 못한 것을

보고, 남들이 그냥 지나치는 것에서도 호기심을 도출하게 한다. 이 때문에 미술 훈련이 잘된 사람들은 남들보다 많은 것을 보고 생각할 수 있는 기회를 가질 수 있는 것이다.

과학적 창의성과 예술적 창의성은 서로 다른 것일까? 세계적인 과학자와 예술가의 나라별 분포를 조사해 보니 그 상관관계가 놀라울 정도로 컸다. 훌륭한 화가가 많은 나라에 뛰어난 과학자도 많았다. 창의적인 에너지가 넘치는 조직이나 국가가 있는 것이다.

《화가처럼 생각하기》 김재준

관찰력은 모든 창의력의 기초

오늘날에도 변함없이 사랑받는 코카콜라 병도 관찰을 잘하는 사람에 의해서 탄생했다. 코카콜라 회사는 '병 모양은 예쁘고 물에 젖어도 미끄러지지 않으며, 보기보다 양이 적게 들어가야 한다.'는 기준을 걸고 병 디자인을 공모했다. 공모에 당선된 이는 코카콜라 공장 직원이던 루드였다. 그는 여자 친구가 당시 유행하던 통이 좁고 엉덩이 선이 아름답게 드러나는 긴 주름치마, 요즘 말하는 인어 모양의 치마에서 영감을 얻어 디자인을 했다. 그 모양은 예뻤고 보기보다 양도 적게 들어가서 목표를 이룰 수 있었다.

흔히 '찍찍이'라 불리는 '벨크로'도 수뤼스 메스트랄이라는 사람이 애완견을 산책하다가 강아지 몸에 가시 열매가 다닥다닥 달라붙은 것을 유심히 관찰하면서 아이디어를 얻었다. 그는 그 모양을 응용하고자 수많은 시행착오 끝에 지퍼나 단추를 대신할 수 있는 벨크로를 탄생시켰다.

어디 그뿐인가. 우리 실생활에서 사용되는 잡고, 돌리고, 끊고, 망치질 등을 할 수 있는 모든 공구들은 곤충의 집게들이 모티프가 되었다. 핀셋은 흙 속에 깊이 박힌 먹이를 집어서 먹을 수 있는 새의 긴 부리를 닮아 있고, 깔개에 있는 빨판은 문어 발의 빨판과 꼭 닮았다. 새 둥지가 연상되는 진흙 집들, 그리고 날씬하지 않은 돌고래나 펭귄이 오히려 저항 값이 작아서 날씬한 것보다 훨씬 효율적으로 유영할 수 있다는 것을 발견하고 이를 본떠 만든 뚱뚱한 동체를 가진 여객기, 새의 날개와 비행을 연구하여 발명한 돛, 인간을 모델 삼아 만드는 로봇 등 모든 연상과 발명은 바로 일상과 자연을 잘 관찰하는 일에서 비롯한다.

꼭 유명한 과학자나 발명가까지 갈 것도 없다. 우리 주변을 둘러보면 생활 속에서 작은 아이디어를 내고 창조적으로 행복하게 사는 사람들을 찾아보라.

그들은 하나같이 자기가 관심 있어 하는 분야를 철저하게 관찰하는 습관이 있다.

타고난 사업가는 사람을 잘 관찰한다. 센스 있는 헤어 디자이너는 손님의 머리를 자르면서 끊임없이 손님을 살핀다. 프로페셔널한 요리사는 맛만큼이나 그릇과 식재료, 음식 코디를 종합적으로 신경쓴다. 말하는 직업을 가진 사람들은 사람들의 입 모양과 말하는 습관을 면밀히 관찰해서 연습하고 개발시킨다.

자신의 분야에서 큰 몫을 해내는 사람들은 관찰을 통해서 남들이 무심코 지나치는 것에서 아이디어를 얻고 그것을 발전시킨다. 관찰력은 기술을 발전시키며 미래를 움직이는 근본 힘이라고 볼 수 있다.

미술 훈련으로 창의력을 키우자

그렇다면 어떻게 하면 관찰하는 습관을 들일 수 있을까? 아무리 눈으로 보고 인지를 해도 되돌아서면 자세한 모양을 떠올리기 어렵다. 사진을 찍거나 메모를 하면 그냥 지나치는 것보다야 낫겠지만, 세부 사항까지 기억하긴 힘들다. 이때 그리기는 매우 원시적이면서도 중요한 역할을 해 준다. 그려야 나의 것이 된다는 말이 있다. 그리기만큼 이미지를 선명하게 기억 속에 남기는 좋은 도구는 없다. 왜냐하면 그림을 그린다는 것은 기본적으로 사물을 자세히 관찰해야 가능한 활동이기 때문이다.

나팔꽃을 그린다고 해 보자. 이미 머릿속에서는 나팔꽃을 잘 알고 있다고 생각할 것이다. 하지만 막상 실제 나팔꽃을 앞에 두고 관찰하면서 그려 보면 자신이 이미 알고 있다고 생각했던 나팔꽃은 실제보다 매우 허술했다는 것을 알 수 있다. 평소 같으면 쉽사리 지나칠 나팔꽃의 세세한 부분을 그림을 그리기 위해서 관찰하다 보면 제대로 알고 기억할 수 있다. 관찰력 키우기는 예로부터 미술교육의 가장 기본적인 목표였다. 모든 발명과 발견의 바탕은 관찰력이기에 미술교육은 창의력 계발과도 뗄래야 뗄 수 없는 관계이다. 레오나르도 다빈치는 일찍이 그림과 창의력과의 관계를 이렇게 명쾌하게 정의했다.

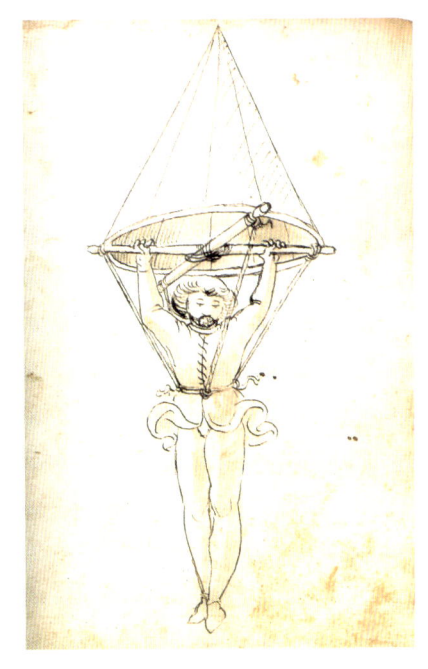

'그리기는 보는 법 배우기의 기본이며, 제대로 보고 창조하는 능력을 가다듬을 수 있는 가장 좋은 방법이다.'

레오나르도에게 눈은 영혼의 진실한 창이었다. 그리고 그가 반복해서 강조했듯이 '눈은 자연이라는 완전무결한 작품을 가장 온전하고 충분히 감상하는 주요 수단이며, 모든 이해는 눈으로부터 이루어진다.' 레오나르도에게는 '보는 것'이 최상의 것이었다.

《레오나르도 다빈치처럼 생각하기》마이클. 겔브

03
답답한 틀 깨고
창의 미술로 가는 첫걸음

획일적인 그림 그리기 방식과 시각

　나는 우리나라에서 미술을 전공하는 데 있어 정통 코스를 밟은 사람 중 한 사람이다. 아주 어려서부터 그림을 그렸고, 예술 중학교를 거쳐 무난하게 예술 고등학교에 진학하면서 나의 전공은 일찍부터 미술로 정해진 셈이었다.
　나는 내 주변에 예술을 전공하는 친구들과 환경 속에서 오로지 화가의 꿈을 키우며 성장했다. 입시 준비를 하던 당시 나의 미술 실력은 실체가 눈앞에 없어도 상상으로 멋지게 대부분의 것들을 그려 낼 정도였다. 오히려 실체가 눈앞에 있으면 방해된다는 것이 문제였다. 내가 그린 사과는 실제 사과보다 더 예쁘고 고왔고, 꽃잎은 시든 것 없이 싱싱하고 아름다웠다. 배추와 무는 상처 하나 없는 한마디로 인조 채소와 닮았다. 만약 그때 실제 배추나 무가 눈앞에 있었다면 그 채소들이 너무나 못생겨서 도저히 그릴 엄두를 내지 못했을 것이다. 늘 눈앞의 사물들을 열심히 미화하는 데 몰두했던 그 시절, 인물상 또한 마찬가지였다. 8등신에 움푹 패인 눈, 오뚝하게 높이 솟은 코, 앵두 같은 입술하며 얼굴의 좌우 대칭이 완벽하고 머리카락 한 올도 흐트러짐 없는 신화 속 멋진 인물상들을 그리고 또 그렸다. 이들은 그 자체로 완벽한 미를 드러냈고 미술을 전공하려는 우리들은 이런 석고상을 데생하는 데 익숙했다. 그렇게 완벽한 아름다움을 숙지해서 미대에 입학한 다음, 누드 모델을 그리는 수업 시간이었다. 교실 한가운데 평범한 우리나라 여인이 모델로 서 있었다. 그런데 시간이 흐를수록 나의 그림 속엔 평범한 여자가 아닌 비너스의 자태가 드러나기 시작했다. 눈, 코, 입 역시 영락없이 석고상의 여신과 닮아 있었다. 나에게 이미 눈, 코, 입의 표현은 완벽하게 주입된 상태여서 눈앞에 있는 모델의 얼굴을 관찰하고는 있었지만 받아들이지 못했던 것이다. 그것은 나만의 문제가 아닌 미대생 대부분의 문제였다. 나의 지도교수는 지금까지 배운 것을 가장 빨리 잊어버리는 자만이 미술계에서 살아남을 것이라고 일침을 주기도 했다.

대학에 와서 맞은 첫 겨울 방학. 예술 고등학교를 같이 다니다가 미국 서부의 명성 높은 예술학교인 파사데나 아트센터에 진학한 한 동창을 만났고, 내게 그 친구의 수업을 탐방할 기회가 왔다. 엄청난 주입식 데생 수업을 받고 진학하는 우리나라와 달리 미국의 그 학교는 미술을 하고 싶은 사람은 포트폴리오로 재능과 적성을 평가 받고 진학할 수 있었다. 강의실 풍경은 실로 충격적이었다. 그곳 학생들을 우리 입장에서 보니 가관이었다. 연필 잡는 법이며, 선 긋는 수준이며 한마디로 오합지졸 같았다. 전문적인 미술수업을 받지 않은 학생들이기에 학교에서는 엄청나게 데생수업을 하며 관찰력 훈련을 시키고 있었다. 그 방식은 참 독특했다. 모두에게 한 가지씩 자유롭게 사물을 정하게 해서 각기 다른 시선과 각도로 100장의 그림을 그리도록 숙제를 내주었다. 콜라병, 골프채, 신발, 로션, 반지…… 어떤 물건이든 상관이 없었다. 예를 들어 가위를 골랐다 해 보자. 그럼 그 가위를 옆에서, 위에서, 아래서 등등 정말 다양한 각도로 비틀고 꺾으며 100개의 시선을 찾아내 그려야 했다. 당시 우리는 각각의 사물이 가장 사물답게 잘 보이는 각도를 찾아 그려내는 방식의 수업을 받았는데, 이런 우리와는 달리 그 학교 학생들은 사물에 대한 고정관념을 깨고 다양한 시선에서 관찰력을 키우고 있었다.

1년 후, 나는 그 학교를 다시 찾았다. 또 한 번 놀랐다. 저마다 연필 잡는 법도 제각각이요, 선긋기도 어눌하고 불안하기 짝이 없었던 그들이 불과 1년 만에 저마다 다양한 연필 쥐기와 개성 있는 선과 색감을 표현해 내고 있었던 것이다. 학교 측은 처음 입학하면 너무나 잘 그리는 한국 학생들이 졸업할 때까지 발전이 없다는 이야기를 들려주었는데 너무나 공감이 갔다. 무지에서 시작하는 것이 낫지 나쁜 습관과 고정관념을 부수기란 얼마나 힘든가. 그래서 오히려 사람들에게 정말 그림을 그리고 싶다면 다른 전공을 하다가 미술 전공으로 바꾸는 것이 더 유리하다고 강조하곤 한다. 주입식 교육이 낳은 고정관념이 얼마나 넘기 힘든 벽인지 잘 알기 때문이다.

> 이웃집 아이가 피아노 학원에 다니면 우리 집 아이도 피아노 학원에 보내야 한다. 또 같은 반 친구가 미술 학원에 다니면 우리 아이도 미술 학원에 다녀야 한다. 그렇지 않으면 마음이 불편하다. 이는 모두 조바심이 낳은 동조현상이다. 배움이 아니라 경쟁 수단으로만 생각하는 교육은 학습은커녕 아이의 창의력만 파괴할 뿐이다.
>
> 《창의력에 미쳐라》김광희

엄마의 선입견부터 체크해 보자

우리는 보지 않고 그리는 법을 어릴 때부터 배운다. 세상의 풍경은 관찰의 대상이 되어야하는데 말이다.

흔히 아는 것이 힘이라고들 한다. 하지만 아는 것은 오히려 창의력을 방해하는 요인도 된다. 엄마들이 아이들에게 일반적으로 손쉽게 가르쳐 주는 사물의 전형적인 모양들이 있을 것이다. 이를 얼마나 별 생각 없이 획일적으로 주입시키는지 한번 체크해 보자.

1. 잎사귀 그리기

알고 있다고 자신하지 말고 곰곰이 기억을 더듬어서 잎사귀를 그려 보자. 잘 그리지 못하는 것은 흉이 아니다. 기억이 안 나는 것이 문제! 잎사귀 하면 생각나는 이미지를 다음 페이지로 넘기지 말고 그려 보자. 최소 다섯 가지!

대부분 바로 이 잎사귀를 연상하여 그렸을 것이다.

　잎사귀는 우리 주변에 흔하고 또 매우 그리기도 쉬운 대표적인 이미지다. 세상에는 정말 다양한 모양과 빛깔의 잎사귀가 많다. 그런데 막상 그려 보려고 하면 왜 한두 가지 모양밖에 안 떠오를까? 이 테스트로 우리는 얼마나 관찰력이 부족하며 우리 뇌가 본 것을 쉽게 떠올리지 못하는가를 직접 확인할 수 있다. 미술을 배워야 하는 가장 큰 이유는 관찰력 훈련 때문이라고 앞서 이야기했다. 우리 주변의 잎사귀부터 관찰해 보자. 이를 시도함으로써 세상의 다양한 잎사귀를 관찰하는 출발점에 서는 것이다. 이제 남들보다 더 다양한 잎사귀를 보면서 그 차이점과 아름다움을 발견하는 눈을 가져 보자.

2. 나무 그리기

나무를 칠할 때 흔히 쓰는 나무색. 나 또한 학창 시절 사생 실기 대회에 나가서 수없이 그 나무색을 칠하곤 했다. 실제 눈앞의 나무와 다른 상징적인 그 나무색을 말이다. 실제의 나무가 그 색이 아니라는 것을 깨달  은 것은 한참 뒤였다. 나는 대학에 들어가서는 풍경화를 그리는 데 소홀했다. 마치 스스로 관찰력 훈련이 잘 돼 있어서 풍경화쯤이야 얼마든지, 언제든지 잘 그릴 수 있다고 자신감에 차 있었다고 할까. 어느덧 안다는 자신감과 잘 그린다는 오만함으로 나는 실제 풍경을 인지하거나 분석하지 않고 그대로 간과하고 있었던 것이다. 무지보다 더 무서운 것은 안다는 선입견, 사실 나에게 세상을 진실하게 관찰해야 할 중요한 시점이었는 데도 말이다.

실제 나무를 관찰해 보라. 어릴 적 즐겨 썼던 그 나무색을 가진 나무는 존재하지 않는다. 엄마들이 아이가 나무를 그릴 때 흔히 밤색이나 나무색이라 부르는 그 색을 칠해 주고 있지 않은가? 오히려 나무는 검은색 혹은 회색에 가깝다는 것을 발견하게 될 것이다. 나무의 모양도 마찬가지다. 왜 우리가 그리는 그림 속 나무의 모양은 한결같이 똑같을까? 소나무같이 휜 것도 있고, 잣나무같이 곧고 높은 것도 있고, 회양목같이 작고 통통한 것도 있고, 자작나무같이 가늘고 여리면서 강직한 것도 있고, 마디마디 쭉쭉 뻗은 대나무도 있는데. 나무마다 나무색과 모양이 어떻게 다른지 새로운 눈으로 한번 관찰해 보자.

3. 해와 하늘 그리기

그리기 편견에 대표적인 해와 하늘을 보자. 으레 '태양' 하면 아이 그림 속에 그 태양을 떠올리지 않을까? 사실 한낮의 태양은 눈으로 볼 수 없다. 그럼에도 우리는 태양을 그림 속에 곧잘 그린다. 실제 태양은 날씨와 시간대에 따라 그 모습이 다르다. 이를 잘 보여준 인상주의 대표 화가 모네가 그린 태양을 보자. 그가 본 해돋이 풍경이다.

해돋이 | 클로드 모네 | 유화 | 48x63 | 마르모탕 미술관 소장 | 1872

태양이 어우러진 하늘을 관찰해 보자. 해 질 녘 하늘의 구름은 검은 회색이 된다. 사실 하늘색이라는 이름 자체에 어폐가 있다. 우리가 쓰는 하늘색은 '맑은 날의 하늘색'이라고 해야 할 것이다. 하늘색이라고 명명함으로써 우리 아이들이 해 질 녘과 해 뜰 무렵의 하늘색을 상상할 기회를 빼앗는 것은 아닐까? 하늘과 해의 모습을 다양한 시각으로 보는 기회를 가지자.

4. 오징어 그리기

어린이들이 그리는 그림 가운데 빠지지 않는 것 중 하나가 바로 물속 풍경이다. 문어, 미역, 불가사리, 조개…… 물속 풍경에서 단골 주인공은 단연 오징어이다. 어느 날 나는 횟집 어항 속에 오징어를 무심코 바라보다가 깜짝 놀랐다. 세상에 이럴 수가!

대부분 바로 이 오징어를 연상하며 그렸을 것이다.

사실 오징어는 어른들이 아이들에게 쉽게 그려 주게 마련이다. 똑같이 그려 보라고 하면서 말이다.

나도 횟집의 오징어를 숱하게 봤지만 몰랐다. 세상에, 물속에 마른 오징어라니.

물오징어를 관찰해 보라. 눈의 위치, 다리 개수, 몸통의 모양……. 물속 오징어는 90각도로 전진한다. 10개 다리로 똑바로 서지 않는다.

관찰하고 그리는 것. 단순하지만 이것이 바로 미술로 창의력을 기르는 기본 노하우이다. 아이들에게 질문하며 궁금증을 갖게 하고 스스로 관찰하는 능력을 키워 주고 더불어 표현의 시간도 가져 보라. 이렇게 세상을 익히고 배우며 아하! 하는 시간, 이것이 미술 시간이다.

5. 자동차 그리기

누구나 스케치북에 자동차를 그려본 적이 있을 것이다. 지금 우리 머릿속에 떠오르는 이 자동차!

그런데 이 사실을 아는지? 차라리 그렇게 쉽게 외워서 똑같이 그릴

수 있는 것이 못 그리는 것보다 훨씬 더 큰 손해라는 것을. 자동차처럼 복잡한 사물이라면 아이들의 관찰 능력을 측정하기에 더없이 좋다. 선긋기를 제대로 못하는 것은 상관없다. 정확히 못 보는 것이 문제이다.

아이에게 우선 자동차 사진을 보여 주면서 자동차의 구성을 관찰하게 한다. 대화만으로도 아이의 관찰력을 읽을 수 있다. 자동차의 거울은 몇 개인지, 창문과 바퀴는 몇 개인지, 라이트와 차 번호표는 어느 위치에 있는지, 문과 라이트 조명 모양은 어떤지, 차에 거울은 몇 개인지, 바퀴 타이어의 문양은 어떠한지, 자동차 안에 무엇 무엇이 있는지…….

많이 본 아이들이 표현을 풍부하게 잘하는 것은 사실이다. 하지만 단순히 볼거리 많은 곳에 자주 가본 아이들이 잘 보는 것은 아니다. 새로운 곳, 새로운 경험이 아이에게 매우 중요한 것 같지만, 사실은 더 중요한 것이 있다. 내 주변 공간에서 많은 것을 자세히 볼 줄 알아야 한다. 흔히 볼 수 있는 것 안에서 호기심을 느끼도록 이끌어 주자.

04
미술에 대한 편견부터 깨 볼까?

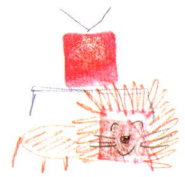

억지 수업과 거짓말 수업

    고백한다. 미술가인 나도 내 아이에게 미술을 가르치려고 이런저런 학원을 다녀 보았다는 것을. 나름대로 미술교육의 현실을 살펴보고 싶었고, 전문가들의 수업 과정도 알고 싶었다.

    역시 돈을 받고 미술교육 프로그램을 제공하는 학원들은 풍부한 교육 콘텐츠가 가득했고 재료와 방법도 다양하게 쓰고 있었다. 또, 짧은 시간에 한정된 재료로 계획된 성과물을 만들어내는 철저함이란. 하지만 책에 나온 이론대로 가르치려다 보니 좀 억지스러운 수업 내용도 있었다.

    색 변화에 대한 수업이 대표적이었다. 물감이 섞이면 색은 변한다. 우리 모두는 빨간색과 파란색을 섞으면 보라색이 된다고 배웠다. 하지만 빨간색과 파란색을 실제로 섞었을 때 기성제품으로 나와 있는 보라색이 되기는 힘들다. 물감양의 비율이 어떠한가에 따라 조금씩 다르지만, 일반적으로는 보라색이 아닌 거무튀튀한 색이 되어버린다. 사실 빨간색과 파란색을 섞어서 보라색을 만들려면 약간의 흰색이 필요하다. 또한 빨간색과 노란색을 섞어 주황색을 만들려면 적은 빨간색과 많은 노란색이 필요하며, 파란색과 노란색을 섞어서 초록색이 되려면 많은 노란색과 약간의 파란색이 필요하다.

셀로판 종이를 활용한 색 변화 수업도 마찬가지이다. 파란색과 노란색이 겹쳐서 진짜 초록색이 되는가? 초록이라고 하기엔 뭔가 부족해 보인다. 게다가 겹친 앞면이 노란색인지 파란색인지에 따라서도 색은 달라진다.

아이들은 본능적으로 색이 어떻게 변하는지 느낄 수 있다.

아이들에게 미술 이론을 단순화시켜서 가르치다 보면 그 내용이 억지스러워지게 마련이다. 이론 교육을 위해서 굳이 실제와 다른 현상을 주입할 필요가 있을까 싶다. 책보다 현실은 언제나 위에 있는데 말이다.

미술에 대한 낡은 생각 9가지

내가 이러저러한 아이들 미술 수업을 보고 겪으면서 꼭 바뀌었으면 하는 항목 아홉 가지를 꼽아 보았다. 우리가 관행처럼 해 온 미술교육 가운데 아주 일부이지만, 이것만 바꾸어도 새롭고 창의적인 아이 미술교육이 가능하리라고 본다.

1. 사각 틀에 그려야 한다

태어나면서부터 사각 속에 둘러싸여 삶을 시작한다. 방도 사각, 침대도 사각, 책도 사각, 텔레비전도 사각, 가방도 사각, 기저귀도 사각…….

그림도 왜 꼭 사각에 그려야 할까? 사각을 벗어나면 불편한 것은 어쩌면 사각에 익숙해진 어른들이 아닐까? 어차피 사각에 아직 익숙해지지 않은 아이들이기에 그림도 사각 틀에서 벗어나 그려 보게 하자. 동그라미, 삼각형, 마름모, 별 모양, 하트 모양, 꽃 모양 등 아이가 좋아하는 모양으로 다양하게 시도해 보는 것이다. 스케치북을 잘라서 삼각형, 동그라미, 하트, 별 모양 등으로 잘라 줘 보자.

2. 큰 사이즈가 좋다

한국인들은 큰 사이즈를 선호하는 민족이다. 사이즈가 좀 커야 폼도 나고 전문가스럽다고 생각한다. 가게도 큰 곳이 전문 매장답다고 생각하고, 식당도 큰 곳이어야 점수를 준다. 그림도 마치 사이즈가 큰 그림이 더 가치 있다고 생각하는 것 같다. 내 학창 시절에도 졸업 전시를 할 때 스승으로부터 그림 사이즈를 좀 크게 하라는 지도를 받곤 했다. 교수님 말씀은 그래야 뭔가 완성도가 높은 그림처럼 보인다는 것이었다.

    우리는 고학년이 될수록 큰 스케치북을 쓴다. 마치 꼭 그래야 하는 것처럼. 작은 아이에게 큰 스케치북을 쓰라고 할 수도 있고, 청소년들에게 앙증맞은 스케치북을 쓰라고 할 수도 있는데 말이다. 중요한 것은 크기가 아니다. 그림에 따라 알맞은 크기가 있고, 아이가 그리기 원하는 크기가 알맞은 크기이기도 한 것이다.

3. 아름다워야 미술이다

    미술은 예쁘고 아름다워야 한다는 고정관념이 누구에게나 있다. 아무래도 미술(美術)이라는 이름에 사용된 한자의 뜻이 '아름다움'이기 때문인 것 같다. 미술은 세상을 보고 나아가 응용하고 발상을 내뱉는 자유의 공간이다. 예쁘게 그리는 것이 동심이고 미술의 기본이라고 착각하면서 아이들 화폭에 함부로 손대지 말았으면 좋겠다. 아이들의 솔직한 그림을 있는 그대로 보아주고 용기를 북돋아 주자. 그리고 나서 미술이 반드시 아름다워야 한다는 어른들의 생각을 돌아보자.

4. 연필 깎는 법을 알아야 한다

    내가 예술 중·고등학교를 다니던 학창시절에는 그림 그리는 법만 배우는 것이 아니었다. 연필 쥐는 법, 연필 깎는 법, 사물들의 크기 재는 법, 물감 짜는 법…… 모든 소소한 것들을 일사천리로 익혀야 했다. 획일화된 교육으로 이미 몸에 밴 습관을 버리기란 힘들다. 아이 때부터 연필 잡는 법, 붓 쥐는 법을 굳이 가르치려 하지 말자. 아이들은 자기에게 가장 알맞은 방법을 찾아 스스로 터득해 간다. 젓가락질이야 예의상 원칙을 따라야 한다지만, 미술은 그놈의 원칙부터 벗어나야 하는 것이 원칙이라는 것을 잊지 말자.

5. 색깔도 쉽고 단순하게 알려 주어야 한다

세상의 색은 고정관념의 갑옷을 입고 있다. 귤색, 하늘색, 나무색, 똥색, 살색……. 귤색이라는 이름은 익지 않은 연둣빛이 도는 귤색을 표현할 기회를 빼앗는다. 하늘색이라는 이름은 변화무쌍한 하늘을 그릴 기회를 빼앗는다. 나무색은 얼마나 다양하며, 잎사귀의 색은 얼마나 제각각인가. 당신의 똥색은 늘 같은가? 다양한 민족의 피부색은 또 어떻고.

조금 생각해 보면 참으로 어리석고 위험한 것이 색 이름 주입이다. 혹시 모든 잎사귀를 초록색으로 주입하고 있지 않는지. 우선 쉽고 단순하게 미술교육

을 시작했지만 그 단순화한 교육이 아이에게 상상을 제한하는 편견으로 자리 잡을 수 있다. 아이에게 색 이름보다 색을 먼저 보게 하자. 가령 잎사귀 색이 이 크레파스 상자 안에는 몇 개가 있는지 찾아 보는 것은 어떨까?

6. 크레파스는 어린이용이다

크레파스는 어린이용이고, 조금 더 자라면 수채화, 그 다음에는 유화를 재료로 써야할 것처럼 생각한다. 물론 크레파스는 색이 선명하고 사용하기 손쉬운 점 때문에 유아나 어린이들에게 쥐어 주기 쉽다. 하지만 크레파스처럼 뭉뚝한 재료보다 섬세한 펜이 요즘 아이들의 시각적 감성 계발에 더 도움이 되는 일면도 있다. 아이에게 크레파스만 주지 말고 집에 뒹구는 안 쓰는 펜들을 한번 모아 보자. 아무리 정리하려 해도 차마 버리지 못하고 꽂아둔 다양한 펜들을 필통에 담아 아이에게 미술 재료로 선물해 보는 건 어떨까?

7. 하얀 바탕에 그려야 한다

스케치북은 대부분 하얀 바탕이다. 그래서 왜 꼭 흰색 바탕에 그려야 할까? 의구심조차 품지 않았을 것이다. 아이에게 스케치북 대신 원고지 혹은 검은 도화지, 만화책, 신문 등에 그림을 그려보라고 하면 어떨까? 하얀 도화지가 혼자 쏟아내야 하는 독백의 공간이라면 이면지나 전단지, 만화책은 대화의 공간이다. 이미 채워진 글과 이미지로 생각을 이으며 소통할 수 있기 때문이다. 색다른 스케치북을 앞에 두고 아이와 이야기를 나누어 보라. 의외의 발상도 떠올릴 수 있을 것이다. 또 바탕 종이가 바뀌면 마땅히 그 위에 표현할 재료도 바뀌기 마련이다. 도화지 하나를 바꾸어서 아이에게 색다른 생각과 표현을 가능하게 한다면 괜찮은 시도가 아닐까?

8. 그린 의도를 모두 알아야 한다

내가 참관해 본 수업 중에서 어떤 수업에서는 선생님이 아이들 그림으로 자꾸 어떤 스토리를 만들려고 애를 썼다. 아이가 그림을 그리면 무엇을 그리는지 질문하고 그 논리를 찾으려는 모습이 사실 좀 안타까웠다. 아이들은 그저 노란색을 즐기면서 칠하고 빨간색이 좋아서 선을 그을 때도 있기에, 그 이유가 뚜렷하지 않은 경우도 많다. 왜 그 점을 그렸는지, 왜 그런 선을 그렸는지 일일이 밝히려는 태도는 아이의 본능적인 자유로움을 가로막을 수 있다.

반면 인상 깊게 본 한 수업이 있는데, 그 수업에서는 주제를 미리 정하고 무엇을 그릴지 아이와 충분하게 논의를 한 다음 그리게 했다. 먼저 그리게 한 다음 그 그림에 대해서 설명해 보라고 하면 아이는 순간적으로 거짓말을 할 수 있다. 거짓말할 수 있는 상황을 만드는 대신 미리 생각과 이미지에 대한 나름의 구상을 유도하고 그 뒤에는 그와는 상관없이 그림이 흘러가더라도 내버려 두었다. 아이는 그림을 그리는 동안 종이와 색과 재료의 질감 등을 마음껏 즐겼다. 이처럼 아이를 이해하려고 하면서도 자유롭게 해 주는 풍경은 퍽 인상적이었다.

때로는 아이가 그린 그림을 지나치게 이해하려는 태도는 아이의 창의적인 발상에 방해가 될 수 있다. 일단 좀 넘어가자. 엄마는 아이들의 화폭 속에서 의외성을 발견하고 새로움이 드러나기를 기다리면 된다. 이는 기성작가의 그림 감상할 때도 마찬가지다. **미술 감상은 이해의 도구가 아니다. 의외의 발상을 찾아내며 상상력을 고취하고, 창의력을 개발하는 수단이다.** 작가의 그림을 작가의 의도에 얽매이지 말고 아이들이 마음껏 감상하도록 내버려 두자. 그리고 기회가 된다면 엄마가 아이가 하는 그림 감상평을 받아 적어 보라. 한 편의 시가 탄생할지도 모른다. 아이들의 상상력과 표현력이 어른들의 무딘 감수성을 일깨워줄 수 있다. 그러니 아이가 그림을 온전히 즐길 수 있도록 내버려 두자.

9. 아이보다 엄마가 잘 그린다

엄마가 성의를 보이려고 또 아이에게 가르쳐줄 요량으로 자동차를 그려 주고, 꽃을 그려 주고, 가족의 얼굴을 그려 주곤 한다. 그렇다고 엄마가 아이보다 잘 그린다고 생각하지 말자. 아이는 더 창의적으로 그릴 수 있다.

그리고 간혹 어떤 엄마들은 아이가 그림을 그릴 때 교재 속에 예시로 나온 같은 연령대 아이의 그림보다 자신의 아이 것이 뒤떨어진다고 생각하며 조바심을 내곤 한다. 어차피 책에는 못하는 아이보다 개중에 잘한 아이의 그림을 선택해서 싣기 마련이다. 혹은 그 그림에 선생의 입김과 손길을 약간 보탰을 수도 있다. 무엇보다 그림에는 정답이 없다. 그러니 남의 것을 기준 삼아 내 아이의 능력을 함부로 판단하지 말자. 정돈된 그림이 정답이거나 우수한 것은 아니므로 책을 기준으로 아이의 능력을 함부로 판단하는 일은 무척 위험하다. 앞서 이야기했듯 그림 그리는 법을 주입시켜서 그럴 듯하게 잘 그리게 하기는 쉽다. 아이가 빨리 형태를 알아볼 수 있게 쓱쓱 그리지 못한다고 다그치지 말자. 조급함이 아이의 창의력을 망친다. 엄마들은 아이가 한 걸음씩 떼며 전진하는 과정을 축하해 주면 된다. '거북이+달팽이' 마음을 갖자.

라파엘처럼 그리기까지는 얼마 걸리지 않았지만, 아이들처럼 그림을 그리는 데에는 평생이 걸렸다.

- 피카소

05
만만하고 즐겁게
창의 미술 하세요!

미술 하나도 모르는 엄마도 할 수 있는 창의 미술

음악 평론가 장일범 씨가 클래식 음악 해설을 하면서 던진 한마디가 나의 행보에 큰 영향을 미쳤다.

"여러분, 저도 클래식 연주 들으면서 잡니다. 졸리면 주무세요. 차라리 빨리 졸고 깨어나서 나머지 음악이라도 즐길 수 있으면 되는 겁니다. 남 눈치 보면서 잤다 깼다하면 얼마나 스스로 짜증나며, 음악회가 부담스럽겠어요? 그 다음부터 어디 연주회에 갈 수 있겠어요? 저 같아도 가기 싫을 겁니다. 졸리면 주무세요."

클래식에 대한 그 어떤 해설보다 귀에 쏙 들어오는 멘트에 관객들은 모두 잠에서 깨어나 한결 유쾌해했다. 그 자리에 있던 나 또한 마찬가지였다. 뭔가 유익하겠지 싶어 참석한 클래식 음악회였지만, 그것이 재미있고 즐거운 느낌은 아니었다. 그런데 음악 전문가의 솔직한 한마디는 그 뒤 이어진 음악을 더욱 편안하게 몰입할 수 있게 해 주었다. 한창 '그림 읽어주는 여자'라는 타이틀을 무겁게 달고 다니던 나였기에 그 멘트는 더욱 인상적이었다.

'맞아, 나 또한 전시장의 작품이 모두 이해되는 것도 아니고 모든 작품을 감상하는 것도 아니잖아. 나도 괜히 전문가랍시고 폼 잡지 말고 내 모습을 솔직하게 드러내야지.'

그 이후 나는 좀 더 편하고 진솔하게 미술로 사람들과 소통할 수 있었던 것 같다. 이번 책을 준비하면서도 같은 마음이었다. 나는 엄마들에게 괜한 부담을 주어서는 안 된다는 목표를 세웠다. 집필에 앞서 준비하는 마음으로 시중에 출간된 많은 미술 관련 책들을 훑어 보았다. 솔직하게 말하면 전문 서적은 너무 전문적이어서 소화하기 힘들었고, 나름 친절한 활동 책들은 어찌나 다양한 미술 체험 프로그램들이 담겨 있던지, 보는 것 자체로 압박감이 들었다.

"아티스트인 나도 이렇겐 못해!"

나는 다양한 활동 책 속에서 제안하는 재료들을 대부분 이미 가지고 있고, 아니 그보다 더 넘치게 가지고 있지만, 딸과 함께 그 놀이를 할 자신은 없다. 특히 결과물을 만들어 내기 위해 촘촘히 제시된 과정들을 도저히 따라할 수 없을 것 같다. 나 역시 아이와 함께 앉아서 무언가 활동을 하려면 부담스럽고 어려움을 느끼는 보통 엄마이기 때문이다. 여하튼 미술에 자신이 없는 엄마들에게 이런저런 재료며 방식은 아무리 친절하다 할지라도 불편한 정보일 수밖에 없다.

그래서 미술 하나도 모르는 엄마들을 위한, 미술이 만만해질 수 있는, 생활 속에서 손쉽게 하는 워밍업 프로그램부터 시작해야겠다고 마음먹었다.

유아기에는 논리력, 분석력보다는 상상력이 집중적으로 발달한다는 사실을 잊지 말자. 오히려 눈에 보이지 않는 사물이나 행동을 머릿속에 떠올리기 위해

혼잣말과 상상놀이를 시작하는 유아들에게 호기심과 흥미를 계속 유지하도록 도와주는 것이 아이들의 창의성 발달에 더욱 중요하다.

《창의성의 발견》 최인수

유럽형 통합 예술교육

영국 교육 방식을 공개하는 다큐멘터리 프로그램을 보니, 아이들은 역사와 지리를 공부한 뒤 그곳을 실제로 답사하고 사진을 찍고 그림을 그리면서 메모를 했다. 그런 다음 교실로 돌아가 그에 관해서 작문 수업을 하고 발표까지 하는, 말 그대로 '통합교육'을 받고 있었다. 영어, 지리, 미술, 음악 같은 교과목의 분리는 이미 무너져 있었다. 이는 시대의 변화에 따라 교육 방식도 바뀌어야 한다는 학교 측의 강한 의지와 노력이 어우러진 풍경이었다. 게다가 "배우는 법을 배우게 해야 한다."며 '창조교육 프로그램 전문가'라는 사람이 인터뷰를 했다. 공립학교에 창조교육 프로그램 전문가? 우리 시각으로는 그런 직함은 학교를 벗어난 사교육에나 어울릴 법한 타이틀 아닌가.

나는 미술 혹은 그림교육 이야기를 하고 있지만, 사실은 미술교육이 아닌 창조교육으로 대체되는 것이 어울린다고 생각한다. 창조학교(www.k-changeo.org)의 이어령 명예 교장은 창조교육의 중요성을 매번 강조한다. 이제 교육은 고정관념을 탈피하고 세대 간, 분야 간의 통합교육을 향해 가야 하며 이를 통해 상상력을 맘껏 발산하고 키워가야 한다고 말이다. 이 선생님은 이미 이 시대에 창조성을 강조하는 유행이 불기 전에 창조교육을 하는 창조학교에 대한 아이디어를 냈고, 요즘은 이를 도전적으로 리드하고 있다.

창조교육의 핵심은 예술을 모든 학문에 활용한다는 것이다. 예술을 특별히 따로 떼어 가르치는 것이 아니라 다른 학문과 유기적으로 어울릴 수 있도록 생활에 그대로 녹히는 것이다.

그런 의미에서 아이들에게 창의력을 키울 수 있도록 미술을 따로 배우게 하거나 어느 학원에 보내야 한다는 생각부터 버릴 필요가 있다.

핀란드에는 미술 교과서가 없다

프랑스는 학교와 기업과 가정이 연계해서 정원 가꾸기나 요리 등 다양한 '라이프 아트'를 학교 교육 프로그램으로 개발하고 있다. 또 핀란드는 미술 교과서라는 것이 아예 없다. 대신 학교마다 목공 시설, 재봉틀, 요리실 등이 갖춰져 있다. 실습실에는 재봉틀, 다리미와 다양한 단추와 지퍼, 장식 재료 들이 넘친다. 가구, 식기, 텍스타일 등의 디자인으로 명성이 높은 나라인 만큼 수공예 수업이 초등학교부터 개설되어 있는 것이다. 핀란드 아이들은 초등학교 3학년만 되면 전문 도구를 갖춘 실습실에서 도구를 사용하는 훈련과 창작을 할 수 있다. 나무로 작은 소품을 만들거나, 천 염색을 하기도 하고, 다양한 자수 작품을 만들기도 한다.

우리도 미술수업에서 천과 종이를 비롯한 다양한 재료로 창작을 배우고는 있지만, 일상에서 재미나게 할 수 있는 수작업들을 만날 수는 없다. 마치 그런 작업은 생활이지 예술은 아니라는 고정관념이 있는 것 같다. 학교에서조차 그런 교육을 받지 않으니 손으로, 몸으로 하는 작업들에는 점점 바보가 되고 있다. 작품 창작은커녕 수도꼭지에 이상이 생겨도 손 하나 까닥 못하는 우리들. 근본적인 무언가를 놓치고 있는 것은 아닐까?

국어, 영어, 수학, 과학과 소위 주요 교과목에 치중한 우리 현실을 돌아보자. 보고, 읽고, 말하는 것에만 치중한 우리 교육 방식을 돌아보자. 지나치게 머리로 이해해야만 하니 몸으로 사는 삶에서 멀어지고 있다. 정작 인간은 뇌만으로 살 수 없고 온몸으로 살아야하는데 말이다. 너무 몸을 쓰지 않으니 운동도 따로 시간을 내어 해야 하며, 간단한 공구조차 제대로 다루지 못해 간단한 집안일에도 기술자를 불러야 한다. 몸은 연약하고 머리만 커져 버린 쓸쓸한 모습 아닌가?

그래서 손과 몸을 위주로 쓰는 미술은 현대 우리 삶에서 더욱 중요한 역할을 할 수 있다. 보통 미술 하면 전시장에 우아하게 걸려 있는 그림을 떠올리지만 그 그림의 제작 과정은 얼마나 막노동인지 아는가. 그림을 설명하고 감상하는 것은 미술 활동의 아주 일부에 지나지 않는다. 미술 감상은 상상력을 키우고 감성을 풍부하게 하는 등 삶을 윤택하게 해 주지만, 원래 미술의 지향점은 감상을 넘어서서 창작하는 데 있다. 미술의 궁극적인 목적은 많은 사람들이 실질적으로 그림을 그리고 자신의 아틀리에를 가지고 아마추어 전시회 활동을 하는 '아티스트적인 삶'이라고 할 수 있다.

프랑스나 핀란드는 생활 속에서 할 수 있는 수작업들을 라이프 아트나 활동으로 또 수공예 수업이라는 이름으로 개발 · 발전시키고 있다는 점을 다시 주목해 보자. 문화 선진국에서는 이미 예술의 효용과 가치를 잘 파악하고 있는 것이다. 그들은 어떻게 하면 생활이 예술적으로 바뀔 수 있는가, 예술을 생활화할 수 있는가를 고민하며 아이들에게 교육하고 있다. 오늘날 우리에게 필요한 미술교육도 이런 형태가 되어야 하지 않을까?

삶을 미술적으로 바꾸는 법에 대한 고민과 실습이 필요한 시점이다. 미술적이란 말이 너무 추상적이라면 이렇게 풀 수 있겠다.

'일상을 아티스트처럼 생각하고 행동하는 습관.'

이는 삶과 예술을 하나로 모으는 작업이요, 미술과 함께 더욱 창의적인 삶을 사는 출발점이 될 수 있다.

오늘날 많은 대학에서는 공학이나 과학을 배우는 학생들을 위해 페트로스키가 말하는 '수선 놀이 강의'를 개설하고 있다. 거기서 학생들은 난생 처음 자전거나 레이저 프린터, 낚시 릴 등 우리가 흔히 접하는 물건들을 분해하고 재조립하는 법을 배운다. 이런 강의가 필요하다는 사실이야말로 가정과 학교에서 하는 교육이 아이들의 기본적인 호기심을 키우는 데 실패하고 있다는 증거이다.

《생각의 탄생》로버트 루트번스타인 · 미셸 루트번스타인

미술적으로 사는 그림 엄마

용접을 하고, 재봉틀을 돌리고, 못질을 하고, 드릴을 사용하고, 절단기나 톱을 쓰고……. 바로 내가 가장 좋아하고 즐기는 삶의 행위이고 풍경이다. 나는 엄마들에게 아름다운 '막노동'을 즐기라고 자주 강조한다. 여기서 말하는 막노동은 '노동하는 장인 정신'을 일컫는 말이다.

은근슬쩍 막노동이라는 단어는 사람의 인격을 낮추고 우리 역사 속에 천시하는 직업적인 단어가 되었다. 나는 늘 목수나 철공 장인들과 작업을 하면서 그들의 삶에서 쌓아 올린 노하우에 감탄한다. 벽에 시멘트를 바르는 미장하는 분들의 솜씨를 직접 본 적이 있는가. 나는 〈상상미술축제〉에서 시민들이 벽돌에 직접 그림을 그려서 집을 짓는 프로젝트를 진행할 때, 실제 미장 장인을 투입시켰다. 그분들의 기술과 장인 정신을 보니 감탄이 절로 나왔다. 나는 진정으

로 막노동을 하는 분들이 존경스럽다. 막노동을 이제 우리 삶에 조금씩 끌어들여야 한다. 막노동으로 우리는 삶을 예술로 바꿀 수 있다. 그림 감상만 하기보다는 직접 그림을 그리고, 어디 좋은 음식점을 찾는 데에만 시간을 쏟기보다는 직접 요리를 하고. 좋은 옷을 사러 다니는 에너지에 조금 보태어 직접 수선하고 바느질도 해 보고, 콘서트와 공연을 즐기는 시간에 악기나 노래를 배우는 것 말이다. 머리로 생각하고 느끼려고만 하지 말고 온몸을 사용해 보라. 노동의 가치에 새삼 보람을 느끼고 지금보다 훨씬 창의적인 삶을 살 수 있을 것이다.

아이의 창의력 키우기도 중요하지만, 엄마 스스로가 창조적으로 삶을 바꾸는 총체적인 변화를 시작했으면 좋겠다. 나는 이런 엄마들을 '그림 엄마'라 부르고자 한다.

그림 엄마는 유달리 시간이 많고 손재주가 좋아서 아이에게 무언가를 자주 만들어주고, 살림 사는 것이 취미인 엄마를 가리키는 말이 아니다. 바쁜 일상 속에서 소비하는 에너지를 조금씩 줄여서 창작하는 에너지로 바꾸고자 하는 엄마를 말한다.

다중지능 이론으로 유명한 가드너는, 5~7세 유아들은 얼마 안 가 잃어버리고 마는 풍부한 상상력과 창의력, 예술적 민감성을 갖고 있다고 했다. 창의성에 대한 세계적인 학자 토런스도 유치원에서 초등학교 3학년까지 창의성이 급속하게 발달하는 시기라고 했다. 아이가 가장 창의적이고 예술적인 시기가 되면 엄마들도 따라 변하게 된다. 자신의 잠재되었던 창의성 역시 아이로 인해서 깨우게 되는 것이다. 어쩌면 엄마들에게 이 시기는 고정관념과 편견들로 굳어진 머리와 일상의 습관들을 허물고 새롭게 삶을 거듭날 수 있는 기회가 될지 모른다. 그림 엄마가 되어 삶을 창조적으로 바꾸는, 아이의 삶까지 창의적으로 만드는 도전을 시작해 보자.

미술적으로 사는 그림 엄마의 조건

1. 아이에게 배우는 자세

'아이에게 무엇을 해줄까? 무엇을 가르쳐줄까?'라는 강박관념에서 벗어나자. 대신 '무엇을 아이에게 배울 수 있을까?' 혹은 '내 아이와 나에게 어떤 재미난 일들이 벌어질까?' 하며 아이처럼 기대하고 설레어 하자. 역사 속의 위대한 창작자들은 모두 아이처럼 되고자 했다는 사실을 기억하자.

2. 천천히 기다릴 줄 아는 지혜

아이가 호기심을 키울 시간과 기회를 주자. 기다리자. 지금은 교육에 관한 정보가 너무 많아서 엄마는 조급해서 아이에게 중압감을 줄 수 있다. 털어라. 비우자. 가벼운 마음으로 아이의 변화를 발견하고 새로운 점을 느끼자. 내 아이는 정말 무엇을, 어디를 좋아할까? 시장, 산, 동물원, 식물원, 수족관, 서커스 장 같은 나들이에서 엄마는 아이를 지켜 보며 흥미와 장점과 재능을 발견해 가면 된다.

3. 아트 살림의 여왕

엄마는 아이에게 요리해 주고, 옷을 골라 주고, 집을 청소하고 꾸미면서 아이와 의견을 나누는 사람이다. 아이와 함께 살림을 즐기고 가꾸자. 쿠키나 케이크를 함께 만드는 것은 어떨까? 아이의 옷이나 운동화, 우산에 그림을 그리는 것은 어떨까? 아이와 함께 '아트 살림'을 하자.

4. 아껴서 주는 습관

넘침이 병을 만들고, 정신을 망가뜨리는 시대다. 교육에도 절제가 필요하다. 창의력 교육이랍시고 지나치게 다양한 체험을 제공하지 말자. 아이들의 '가지고 싶은 마음'을 고이 간직하게 하자. 기다리는 법도 배워야 한다. 조금은 불편하게, 아쉽게, 아껴서 주자.

5. 관심+칭찬+응원

결과보다 과정에 의미를 두자. 아이 창의력 교육에 있어서는 더 그렇다. 반드시 아이가 색을 다양하게 칠해야 하는 것도 작품을 완성해야 하는 것도, 어른들 눈에 잘 그린 듯 보여야 하는 것도 아니다. 아이의 창작물에 많은 질문을 던지고, 들어 주고, 칭찬을 보태 주고, 격려와 기대감을 지속적으로 보내면 된다. 그것으로 충분하다.

06 창의 미술의 일곱 가지 원칙

1. '대화'로 관찰력을 키우자

"아이랑 미술 놀이 어떻게 하면 좋을까요?"

많은 엄마들이 종종 이렇게 묻는다. 아이가 스케치북과 색연필이나 크레파스를 가지고 많은 시간을 보내고 싶어 하고, 또 엄마에게 함께 놀아 달라고 요구하는 시기가 온 것이다. 보통 이럴 때 엄마들은 '난 미술엔 재주가 없는데······.' 하며 자신이 함량 미달인 듯한 느낌을 받거나 '이제 아이를 학원에 보낼 때가 되었나 보다.'며 생각한다. 왜 그럴까? 손재주가 좋은 엄마는 아이에게 그림을 척척 그려주는데 자신은 못 그리니 자격지심이 생겨서가 아닐까?

하지만 창의 미술의 포인트는 누군가의 손재주나 실력이 아니다. 정말 중요한 것은 '아이와의 대화와 소통'이다. 일상에서 아이와 경험한 소재를 아이가 그린 그림과 연결시켜 대화를 나누며 풍부한 자극을 주는 것, 그것이면 충분하다. 앞서, 관찰력을 기르기 위해서 미술이 필요하다고 강조한 바 있다. 아이의 관찰력을 길러 주는 도구가 아이와의 대화이다. 아이와 이야기를 하면서 사물의 디테일한 부분을 관찰하고 기억하도록 만들자.

　아이와의 대화는 그 자체가 사랑의 표현이다. 엄마의 부드러운 손길이나 눈빛으로 아이는 사랑을 느끼겠지만 표현 수단 가운데 가장 힘 있는 것이 '목소리'를 통한 '말'이다. 내 딸이 겨우 세 살이었을 때조차 '설명'이 매우 중요하다는 것을 깨달았다. 딸은 나의 긴 성의 있는 설명을 늘 원했다. 무슨 말인지는 모르겠어도 설명을 길게 나열해 주면, 떼를 쓰다가도 포기하고 따른다. 그냥 안된다고 하면 아이는 포기하질 않는다. 그래서 난 가능하면 설명을 친절하고 길게 한다. 엄마가 설명하면서 노력하고 있다는 것을 말뜻을 다 이해하지 못하더라도 아이는 잘 안다. 그리고 감사해한다.

창의 미술에서 단계별 미술 재료나 도구보다 더 중요한 것은 '말'이다. 아이가 자주하는 말과 좋아하는 말, 재미있는 에피소드, 주변 인물 등 최근 경험하고 본 것을 끄집어 내어 이야기하는 것이 중요하다. 그 이야기를 통해서 아이는 자신의 기억을 나름대로 더듬어 보며 새로운 생각들을 발현할 것이다.

자세하게 기억을 들여다보는 과정을 통해 관찰력은 자연스럽게 길러진다. 아이가 본 것과 느낀 것을 그리게 하라. 요즘 내 딸아이의 그림 속엔 말도 안 되는 형태가 공룡도 되고 토끼도 되고 느닷없이 과자도 된다. 모두 알아볼 수 없는 그저 낙서다. 나는 그 낙서를 두고 함께 대화한다. 아이는 자기가 그린 비슷비슷한 모양들에 각기 다른 이름을 붙여 가며 그것이 무엇인지, 자신은 요즘 무엇을 좋아하는지 별별 이야기를 풀어 놓는다. 그림이라는 창구를 통해 딸은 엄마와 소통할 수 있다는 것을 알고 있는 것이다. 자신이 그림을 그리면 엄마랑 이야기를 무척 많이 나눌 수 있다는 사실만 아이에게 알게 하자.

> 유치원이나 초등학교 저학년 어린이들의 미술에 대한 적극적이고 '긍정적인 의식'은 매우 중요한 것이다. 대부분의 어린이들은 미술을 좋아하며, 자신이 그림을 잘 그린다고 의식하고 있다. 그리고 이런 긍정적인 의식은 차츰 '긍정적 자아 개념'으로 발전되어가는 기초가 되기 때문에, 어떤 다른 활동이나 학습보다 중요하다고 보는 것이다.
>
> 《아동미술교육 이론과 실제》 김춘일 · 윤정방

2. '칭찬'으로 내 아이를 피카소로 만들자

얼마 전에 딸과 색종이 놀이를 했다. 아직 오리는 것이 서툰 아이. 하지만 어찌나 용기는 백 배인지 쓱싹쓱싹 잘도 오린다. 오리다 보면 자신도 모르게 처음 목적한 것이 아닌 엉뚱한 모양으로 빗겨가게 되는데, 그런데도 아이는 그 모양을 보고 마치 자신이 처음부터 의도했던 양 갑자기 떠오르는 단어들을 갖다 붙인다. 어느 날은 물고기, 코끼리, 만두, 바이올린…… 대충 보면 비슷하다.

나는 무조건 잘했다고 칭찬해 준다. 아이는 내 칭찬에 더 힘을 내서 끊임없이 줄줄이 오려 낸다. 만약에 내가 대신 잘 오려 주거나 아이의 색종이에다 뚜렷하게 형태를 만들고 오리라고 시키면 아이는 크게 상심하고 말 것이다.

한때 우리 부부는 아이에게 그림을 곧잘 그려 주었다. 손재주가 좋은 엄마 아빠를 둔 덕에 딸은 우리를 졸라서 그림을 그려 달라고 자주 떼를 썼다. 우리가 그려준 그림을 보고 아이는 무엇인지 알아맞히기를 좋아했다. 알아맞히면 부모들이 환호하며 좋아했기 때문이었을 것이다.

하지만 아이는 어느 날부터 그림을 알아맞히려고만 할 뿐 자신이 그림을 그리려고 하지는 않았다. 부모가 그려 주는 그림을 보니 자신이 아무리 열심히 그린다고 해도 칭찬받기 힘들다는 판단을 어느새 해 버린 것이다.

나는 이미 엄마 아빠의 그림 감상에만 익숙해져버린 아이에게 그림을 직접 그리도록 하는 데 애를 먹었다. 자신이 잘하는 것만 하고 싶어 하는 나이이기에 그저 아이가 잘한다고 응원하고 동조해 주는 것이 아이의 발전을 도모하는 방법임을 그때는 미처 몰랐던 것이다.

어쩌면 차라리 그림 못 그리는 엄마가 창의적인 아이를 키우는 데 훨씬 유리하다. 그림 좀 그린다 하는 엄마들은 아이의 그림을 보고 칭찬은커녕 답답해하며 고쳐 주고 싶어하기 때문이다. 부모가 무언가를 보여 주는 것을 중요하지 않다. 아이가 발견한 이미지와 떠올리는 생각들을 잘했다고 하면서 아이에게 할 수 있다는 자신감을 심어 주는 것이 더 중요하다. 아이들은 단순해서 칭찬

나는 도대체 내 딸이 무엇을 그렸는지 이해하지 못하지만, 무조건 칭찬부터 하고 본다.

을 조금만 받아도 이내 오버하며 더 많은 칭찬을 챙기려고 애쓴다는 것, 이미 엄마들은 경험상 다 알고 있지 않은가!

나는 도대체 내 딸이 무엇을 그렸는지 이해하지 못하지만, 무조건 칭찬부터 하고 본다.

"와 정말 멋있다. 정말 끝내준다. 우리 딸 최고!"

딸은 신나서 또 알 수 없는 그림을 그린다. 칭찬을 듣고 싶어서!

그림을 그리면 무조건 칭찬을 들으니 딸은 그림 그리기를 좋아한다. 그러면 족하다. 우선 미술을 좋아하게 하라. 그것이 엄마의 몫이다.

미국 엄마는 항상 아이의 학습을 유도하면서 함께하는 'helper'지만, 한국엄마는 학습에 직접 개입해 아이를 가르치는 매우 친절한 'teacher'이다. 미국 엄마는 아이가 조금 틀리더라도 간섭하지 않는 편이지만 한국 엄마는 다르다는 것이다. 한국 엄마는 장난감을 가지고 함께 놀면서 노는 방법을 가르치고, 또 아이가 틀렸을 때 이를 반드시 정정해 준다고 한다. 그림도 한국 엄마는 친절하게 아이가 원하는 모든 것을 직접 그려 보여 주지만, 미국 엄마는 아이가 그리고자 하는 사물에 대한 질문을 해 가며 스스로 그릴 수 있도록 유도한다.

《아이 스케치북에 손대지 마라》 김미영

3. 다양함 NO, 반복하자!

요사이 미술 실습을 위한 다양한 활동 책이 넘쳐나고 있다. 저자가 프로그램을 개발한 정성이 놀랍다. 하지만 미술을 전공한 나에게도 책 속의 수많은 재료들은 너무 부담스럽다. 보통 가정 주부도 아니고 아틀리에에서 작업을 하는 내게도 말이다. 혹 부지런하고 열정이 넘치는 엄마들에게는 책 속의 모든 활동들이 주옥같을지 모르겠지만 나처럼 바쁘고 게으른 엄마들에게는 보는 것만으로도 부담이다.

세상에는 경험하고 싶은 프로그램이 너무 많다. 사 주어야할 것, 해 주어야 할 콘텐츠도 넘쳐난다. 부모에게 지나친 버거움과 부담감을 줄 만큼. 하지만 나에게는 늘 가슴에 심어둔 확실한 신념이 있다. 바로 '반복'이다.

우리는 반복이 창의성을 죽일 것이라고 생각한다. 하지만 놀랍게도 반복은 창의성을 기르는 바탕이 된다. 다양성은 반복의 다음 순서로 와 주어야 한다.

책도, 음악도, 미술교육도 반복하라. 아이는 반복을 통해서 즐거움을 느낄 것이다. 그 다음 아이의 요청과 엄마의 자발적인 동기에 따라 한 가지씩 추가해 가라. **주변의 수많은 정보와 요구와 제안들로부터 자유로워질 수 있는 방법이 바로 반복**이다.

음악도 아이에게 너무 다양한 곡을 들려 주려 하지 말자. 엄마가 좋아하는 음악을 같이 들으면 된다. 이미 익힌 음악들을 자주 들려 주는 것이 중요하다. 아이가 학교에 가서 익히게 될 음악이면 더 좋고, 가능한 한 아기 때부터 들려 주었던 음악을 자랄 때까지 지속적으로 들려 주며 활용하는 것이 좋다. 난 아이의 유치원에서 듣는 음악이 무엇인지 알아내서 그 음악을 집이나 차에서 수

시로 들려 준다. 책을 보면서, 목욕을 하면서, 나들이하면서 그 음악을 함께 부르고 흥얼거린다. 아이는 음악에 연관된 사물이 등장하는 다른 노래를 부르기도 하고, 즐겨 듣는 노래를 피아노나 실로폰을 치면서 리듬을 맞추기도 한다.

너무 다양한 책에 욕심 가질 필요도 없다. 동화책을 얼마나 많이 읽었느냐가 중요하지 않다. 좋아하는 동화를 반복적으로 읽는 것이 중요하다. 아이는 같은 동화를 읽으면서 깊이 있게 이해하게 되고 연관된 상상력까지 기를 수 있다. 아이의 선택과 요구에 의해 차츰 책의 종류를 늘려가는 것은 좋지만, 처음부터 무한한 정보가 쏟아지는 책 더미에서 아이를 방황하게 하지 말자. 이미 유명해서 엄마도 잘 알고 있는 동화부터 골라 주면 어떨까? 그 동화를 읽어 주면서 엄마의 생각까지 전달할 수 있어 더욱 좋다. 아이와 함께 엄마의 감성도 더해지니 그보다 더 훌륭한 책 읽기는 없을 것이다. 그 동화가 아이의 사고에 깊은 영향을 주면, 그것은 그리기로, 율동과 춤으로, 노래로 응용될 수 있다. 이것이 통합 예술교육의 첫걸음이다.

나는 아이에게 매일 밤 읽어 주는 한 권의 책이 있다. 밤마다 그 책을 읽는 시간이 딸에게는 제일 즐거운 교육 프로그램이다. 아이는 잠자기 전 엄마가 부드러운 목소리로 책 읽어 주는 것을 들으며 하루를 닫고 굿나잇 인사를 하며, 꿈나라로 들어간다. 이 반복된 패턴이 교육이고 창의력의 시작이다.

4. 부족하게 아껴서 주자!

오늘날은 미술할 재료도 넘치고, 방법과 기회도 벅찰 만큼 많다. 이는 엄마들에게 적잖이 부담이 되기도 한다. 하지만 오히려 제한된 재료와 방법이 아이들의 창의력을 키울 수 있다.

원래 아이들이란 지루함을 못 견디는 존재이다. 스스로 지루한 순간이 오면 이를 탈출하려고 새로운 방법을 모색하는 천재들이다.

내 동창 중에 강남에서 미술학원을 운영하는 친구가 있다. 얼마 전 그녀와 오랜만에 만났다. 딸이 나의 딸보다 두 살 위인데, 늘 나이 많은 엄마라 한탄하고 있던 그녀에게 나는 반가운 친구였다. 자신보다 2년이나 뒤늦게 출산을 한 나를 보니 동류의식이라고나 할까? 안도감을 느꼈다고 할까. 어쨌든 딸을 계기로 우리는 새로운 우정을 시작했다.

그런데 학원을 운영하는 친구는 딸을 주로 자신의 학원에 데리고 가서 놀이를 하게 하며 돌보았다. 그런 그녀에겐 남다른 교육관이 있었는데, 바로 아이에게 절대 다양한 놀잇감을 사 주지 않는다는 것이다. 단순히 안 사 주는 것이 아니라 친구 집에서 빌려오지도 서로 교환하는 것도 원하지 않았다. 그때그때 아이가 놀이를 할 수 있도록 놀이 기구를 제공하지도 않았다. 처음엔 다소 야박하다 싶다가, 나중에는 '왜 그렇게 할까?' 궁금했다.

한 번은 그 친구의 딸과 내 딸이 함께 놀 기회가 생겼다. 그녀의 딸은 장난감 하나를 가지고 나름대로 이야기를 만들어가며 두세 시간쯤은 너끈히 잘 놀았다. 내 딸은 계속 다른 장난감으로 그 친구의 딸을 유혹했지만, 쉽게 넘어오지 않았다. 대신 자신이 가지고 놀던 놀잇감 딱 한 개로 끝없이 상상의 상황을 만들며 창의적으로 놀았다. 이 풍경은 내게 적잖은 깨달음을 주었다.

다양한 놀잇감도 필요할 때가 있겠지만, 하나의 놀잇감으로 스스로 여러 놀이를 만들어 노는 것이 더 중요하구나! 그래야 자신의 놀잇감을 소중히 생각하고, 자신이 좋아하는 것도 정확히 알게 되니까 말이다. 그런 단순함 속에 교육의 본질이 있지 않을까?

나는 거창한 여러 미술관보다 동네의 미술관을 자주 가는 것이, 종이와 색연필이라는 단순한 도구만으로 무한한 그림 놀이를 하는 것이 다양한 놀이 도구를 제공하는 것보다 우선시되어야 한다는 믿음이 있다. 아이에게 부족하고 모자란 상황은 위기이자 기회이다. 아이들은 궁지에서 아이디어를 탄생시킨다.

이래서 가난이 많은 예술가들에게 창작의 조건이 되어 주었는가 보다. 돈이 많으면 더 좋은 재료로 다양한 시도를 할 수도 있겠지만, 오히려 돈이 없고 작업 환경이 어려울 때 창작 의지도 뜨겁게 타오르고 환경을 극복할 대체 재료나 방식을 개발하지 않을까?

'헝그리 정신'. 가난의 정신이 필요하다. 넘침이 병을 만드는 시대에 살고 있지 않은가. 필요한 것을 너무 제때 필요 이상으로 제공받는 까닭에, 감사한 마음을 잃어가는 아이들에게 변화가 필요하다.

엄마들이여, 절제하고 인내하자. 진짜 어려워서 누리지 못하는 가난은 고통일 수 있지만, 여유가 있음에도 절제를 택하는 일은 희망이며 아름다움이다.

사실 우리 주변에 쓰지 않는 사인펜과 색연필들이 얼마나 많은가. 이웃이나 친척에게 안 쓰는 펜들이나 미술 재료들을 얻어 보는 건 어떨까? 그리고 정말 어려운 이웃의 어린이들에게 선물해 보면 어떨까? 그렇게 챙기는 마음은 더 예쁘고 소중하리라. 반대로 우리 아이에게 소박하게 주고 아이가 감사하게 그리도록 하자.

5. 단순한 재료로 상상력을 키우자

　모빌 작품으로 우리에게 유명한 알렉산더 칼더의 철사 드로잉 작품을 보면 경탄을 금치 못한다. 철사라는 재료는 우리가 보기에 매우 사소하다. 그래서 그 만만한 재료로 어떻게 이런 재미난 작품을 탄생시켰는지 감동적이다. 그는 "나는 철사로 가장 좋은 생각을 해낸다."고 했다. 칼더를 보면, 새로움은 넘치고 풍부한 환경에서 나오는 것이 아니라 제한된 조건에서 경계를 뛰어넘어 왔다는 사실을 새삼 확인할 수 있다. 칼더처럼 제한된 재료와 기법을 써서 아이가 창작하도록 해 보자. 칼더의 작품을 참고하면서 철사로 다양한 모양 만들기에 도전해 보길 권한다. 철사는 쉽고 안전할 뿐 아니라 손놀림과 더불어 두뇌를 계발하기에도 더 없이 좋다. 아이는 철사라는 한 가지 재료만 가지고 놀면서도 스스로 지루할 겨를없이 새로운 아이디어를 찾을 것이다.

　넘치는 재료와 방식이 아이의 상상력을 방해할 수 있다. 아이에게 굳이 다양한 재료와 첨단 제품을 사 주어야 한다는 압박감을 덜자. 아이는 단순한 재료와 지루한 상황 속에서도 스스로 작품을 만들고 놀이할 만큼 창의적이다!

　어린 아이들에게 이 상상의 기술은 탁월하다. 아무 장난감도 없고, 친구도 없지만, 아이들은 홀로 남겨진 방 안에서 기가 막히게 잘 논다. 이 아이들을 살펴보면 일단 시끄럽다는 것을 알 수 있다. 남자 아이들이라면 예외 없이 총소리가 입으로 흘러나온다. "두두두두⋯⋯." 그런 후 곧 바로 "으악!" 하고 쓰러진다. 그러면서 대본에도 없는 대사가 청산유수처럼 쏟아진다. 기적적으로 살아남은 아이는 다시 일어서면서 적을 향하여 외친다.

　"나는 불사신이다."

《창조 습관》이홍

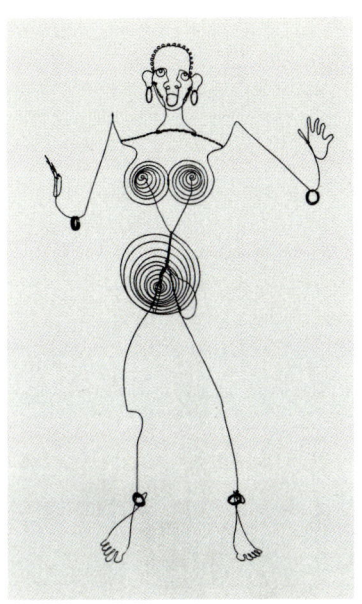

조세핀 베이커 | 99.1×56.8×24.3 | 뉴욕현대미술관 |1927

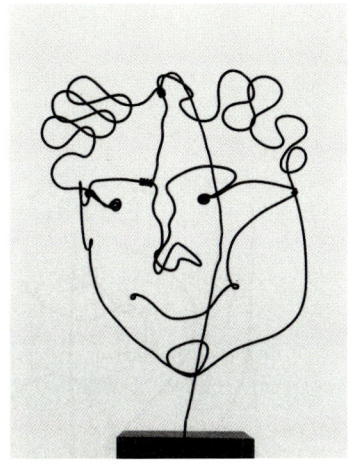

칼 지그로저의 자화상 | 44.5×26.7×25.4 | 필라델피아 미술관 | 1928

소 | 19.7×35.6×6.4 | 개인소장 |1929

코끼리 | 24.8×29.2×12.1 | 개인소장 | 1928

6. 마음껏 모방하게 하자

피카소 미술관을 가 보고 대단히 놀란 적이 있다. 피카소가 어린 시절부터 얼마나 미술사의 명화들을 열심히 모방했는지 확인할 수 있었기 때문이다. 역시 대가들은 선배 대가들을 적극적으로 모방하면서 뛰어넘었구나 새삼 알았다. 미술뿐만 아니라 과학, 문학, 다른 예술 분야에서도 모방을 통한 창조는 강조되고 있다. 다른 사람의 시를 접하면 본인의 독창성이 떨어질까 우려하는 젊은이들에게, 퓰리처상 수상 시인 엔서니 헥트는 이런 충고를 했다.

"모든 종류의 시들을 암기해서 자신의 피와 살로 삼으라."

우리는 지금껏 모방이 얼마나 중요한지도 모르고, 모방의 가치도 잘 배우지 못했던 것 같다. 나는 미술 강연회에서 엄마들에게 훌륭한 작품들을 열심히 모방해야 내 것이 나오니 아이가 계속 베껴 그리는 것에 대해서 걱정할 필요가 전혀 없다고 자주 말한다. 오히려 열심히 고전을 줄줄 외워서 거듭 모방하게 하라고. 그래야 자신만의 단단한 역량으로 다시 태어날 수 있다고 말이다.

> 모방이 창조다. 모방을 거치지 않은 새 것은 없다. 모방은 가장 탁월한 창조 전략이다. 모방하는 자는 흥하고 모방하지 않는 자는 망한다. 고수는 남의 것을 베끼고 하수는 자기 것을 쥐어짠다. 그 결과 고수는 창조하고 하수는 제자리걸음이다. 모방을 축적하다 보면 한 순간, 창조의 한방이 나온다.
>
> 《베끼고, 훔치고, 창조하라》 김종춘

7. 창의 습관을 들이자

영화 〈아마데우스〉, 〈백야〉의 안무를 맡았던 미국의 저명한 현대 무용가 트와일라 타프는 창조성의 핵심 포인트로 '습관'을 강조한다. 그는 습관만 익히면 누구나 창조성을 최고로 키울 수 있다고 말한다. 전문가마다 강조하는 습관이 조금씩 다르기는 하지만, 엄마 아티스트로서 아이에게 창의력을 길러 줄 수 있는 엄마들의 습관을 제안해 본다.

관찰하기 아이가 어떤 것을 볼 때 유심히 관찰하는 습관을 들이게 하자. 엄마가 아이에게 자꾸 물어 보자. 더 세세한 것을 볼 수 있도록 유도하면서 이야기를 나누면 어느새 엄마의 관찰력도 길러진다.

질문하기 "오늘은 유치원에서, 학교에서 무엇을 배웠니?"가 아니다. 아이가 질문하는 습관을 들이도록 "오늘은 무엇을 질문했니?"를 확인해 보자.

메모하기 작은 수첩을 가지고 다니면서 창의적인 육아에 관해서 수시로 떠올랐다가 금세 사라지는 아이디어를 기록하자. 바로 활용할 수 있는 좋은 육아 아이디어들을 놓치지 말자.

현대미술 즐겨 보기 창의적이고 실험적이며 상상력 창고인 현대미술을 아이와 자주 보러 다니자. 작품을 보면서 신선한 자극을 받고 미래지향적인 감각을 키워 보자.

시간표 만들기 역대 창의적인 인물들은 자고 먹고 일하는 데에 가장 적합한 자신만의 리듬을 찾아 냈었다. 이들은 자기만의 시간표가 있어서 어떤 유혹이 있어도 스스로 정한 그 시간을 지키려 노력했다. 한정된 시간과 품고 있는 에너지를 최대한 효율적으로 쓸 수 있는 자기 시간표를 짜서 생활화해 보자.

성찰하고 휴식하기 종교 생활은 그 신념의 방향성을 떠나 바쁜 일상의 '쉬어 가는 페이지'라는 의미만으로도 소중하다. 종교 생활에 대한 부담이 있다면 스스로에게 최소한 '빈 시간'을 주자. 휴식해야 비어 있어야 재충전할 수 있다.

정리하기 정리는 시간을 절약하기 위한 전략 중 하나이다. 정리에도 기술과 노하우가 필요한 법. 이와 관련한 좋은 책들도 많으니 참고해서 정리 잘하는 습관이 몸에 밸 수 있게 하자.

마음까지 치료해 주는 미술

미술은 창의력을 높이는 것뿐 아니라 마음까지 치료해 준다. 감정을 손으로 표현 해내는 학문인 만큼 감정 표출의 큰 역할을 하는 것이다. 아이들은 조몰락조몰락 찰흙을 만지고, 던지고, 손아귀 안에 움켜쥐면서, 혹은 흰 종이에 다양한 색깔을 마구 칠하면서 나쁜 감정을 해소시키고 응어리를 풀어낸다.

아이 감성을 매만지는 그림 그리기

미술 치료에 관한 전시 하나를 관람한 적이 있다. 어떤 자폐증 어린이의 치료 과정을 보여 주는 전시였다. 처음에 그 아이는 아무리 깨끗한 백지를 주어도 꼭 한 귀퉁이만 끄적거리는 데 그치곤 하였다. 종이의 중심에 그림을 그리는 것을 기피했고, 두려워했다. 그러던 아이가 미술 치료를 받으면서 점점 종이의 중심부에 그림을 그리기 시작했고, 6개월이 지나자 종이를 가득 채워서 그림을 그렸다. 나중에는 그리는 것뿐만 아니라 종이도 뜯어 붙이는 등의 다양한 표현까지 했다. 당시 그 전시는 미술 치료를 할 사람을 접수받기도 했는데 상당수 엄마들이 자기 아이가 미술 치료를 받길 원했다. 아이의 내면과 성격에 대해 남몰래 고민하는 엄마들이 많다는 것을 발견할 수 있었다.

아이들뿐만 아니라 현대인들은 우울증이나 홧병 등 수많은 정신질환에 시달리고 있다. 마음이 아픈 병은 더 이상 특별한 사람들만 걸리는 병이 아니다. 어쩌면 감기 같다고나 할까. 누구나 한 번쯤 상황에 따라 걸릴 수 있고, 치료를 받을 수 있다. 평소 긍정적이고 밝고 용감한 나이지만, 한편으로 매우 민감하고 결벽증이 있는 부분도 있다. 그래서 특별한 사건이나 상황이 닥쳤을 때 심각하게 불안감을 느끼곤 한다. 마음이 아프고 닫혀 있을 때 그림 그리기는 치유제가 되는 것 같다. 마음을 치료하고자 한다면 그림 그리기가 특별히 고통스러운 활동은 아니기에, 당장 효과를 보지 못한다 하더라도 계속 해 보면 좋을 분야라고 생각한다.

공포와 불안을 그림 그리기로 떨쳐냈던 뭉크

'절규'로 유명한 뭉크의 경우도 그림으로 마음을 치료했다고 보아야 할 것이다. 그는 어릴 적 자신이 절대적으로 의지했던 어머니와 누이가 잇따라 죽으면서 죽음에 대한 정신적인 공포와 불안에 시달렸다. 갑작스레 밀려드는 정신적 고통을 평생 겪으며 살았다고 한다. 그때마다 그는 화폭에 자신의 분열적인 정신 세계를 그림으로 쏟아냈다. 그가 그림을 그릴 때는 이젤이 심하게 흔들리고 화폭이 진동할 정도로 격동적으로 분출하듯 붓질을 했다고 한다.

실제로 그의 그림은 밝거나 유쾌하지 않다. 거의 대부분의 작품들이 다 그렇다고 보아야 할 것이다. 한때 그의 그림을 전시하는 전시장 입구에 '임신부 관람 금지' 문구가 붙은 적도 있었다고 한다.

'전설의 고향' 같은 서늘한 공포감을 주는 그의 그림은 여름에 감상하기 좋다고나 할까. 확실히 그의 그림들을 감상하노라면 간담이 서늘해지고 우울해지는 것이 사실이다. 현대인들이 그의 그림을 사랑하는 이유는 어쩌면 이 때문이 아닐까 싶다.

우리 한 켠에 묻어둔 우울감이나 공포감을 끄집어내어 동질감을 주고 감정적인 해소감을 주니까. 그의 그림들을 보면 이런 정신세계로 어떻게 일생을 살았을까 싶지만, 그는 80살까지 꽤 순탄하게 살았다. 그림을 그리면서. 그에게는 그림 그리는 것이 자신이 삶을 이어갈 수 있는 근원적 도구이고 수단이며 전부였던 것이다.

절규 | 뭉크 | 템페라화 | 83.5×66 | 1893

해독 역할을 하는 미술

미워하는 사람을 생각하면서 다트를 던져 꽂고, 원한 맺힌 사람을 생각하며 짚 인형에 송곳으로 찔러서 원한을 풀고……. 옛부터 자신의 감정을 구체적인 형상으로 만들어 표출하는 행위가 있었다. 이것이야말로 미술 치료와 닮았다고 할 수 있다.

아이들은 그림 그리기를 통해서 기본적으로 감정을 깨끗하게 정화할 수 있다. 마음껏 할 수 있고 답도 없는 미술 행위는 아이들 나름대로 받은 억압을 풀고, 감정의 독소들을 해독시킨다. 맘껏 그리고 분출하게 하자. 아이가 유난히 파괴적이고 신경질적이고 암울한 그림들을 그릴 때 그것을 나무라거나 방해해서는 안 된다. 오히려 미술 행위를 하며 감정의 해독 작용을 하고 있구나 감사해하고 안심해야 한다.

"아니 얘가 왜 이래?"

"찢지 말고 얌전히 찬찬히 그려 봐."

"검은색만 쓰지 말고 노란색도 써 봐."

이런 간섭과 통제는 금물이다. 아이는 그리면서 마음을 청소하고 있는 것이니 내버려 두자.

그 밖에 미술과 친하면 좋은 몇 가지 이유들

1. 기본적으로 상상력을 풍부하게 하고 창의력을 개발시킨다.
2. 표현력을 기를 수 있어 자신을 잘 파악하는 아이로 성장하게 한다.
3. 색감과 촉감을 많이 즐기기에 즐거움과 행복감을 잘 느끼는 아이로 성장한다.
4. 자신이 표현한 것에 대해 언어로 이야기하면서 어휘력을 기를 수 있다.
5. 신체, 언어, 정서, 창의성 등 아이들의 전인적인 성장과 발달을 돕는다.
6. 때로 슬픔과 좌절과 스트레스 등의 부정적 감정을 그림으로 표출함으로써 감정을 순화시킨다.
7. 자신의 능력을 스스로 발견함으로써 자신감과 자기 존중감이 높아진다.
8. 자신과 다르게 표현한 작품들을 보면서 다른 사람들의 생각을 수용하고 존중하는 마음이 기를 수 있다.
9. 공동 작업을 하며 협동과 소통의 태도를 익히고 조화로운 삶의 태도를 배운다.
10. 아이의 내면 세계를 발견하면서 성격을 교정하고 미래의 방향을 설계하는 기회로 삼는다.
11. 좌뇌와 우뇌의 균형 잡힌 발달을 이끌어 복합적 사고와 창조력을 기른다.
12. 자신의 개성과 안목을 키워서 주체적인 삶의 리더로 자라게 한다.

가족들이 창작 활동을 즐기고 **창의적인 놀이**를 할 수 있는
공간이 마련된 집에서 자란 아이는 대부분 창의적이게 마련이다.
창의력이 샘솟는 집은 화려한 인테리어나 신기한 장난감,
엄마의 솜씨로 만들어질 수 없다. 창의성을 표출할 수 있는
작은 공간과 가족들의 창조적인 에너지만 있으면 충분하다.

− 본문 중에서

창의력이 샘솟는
미술 환경 만들기

| 우리 집 자투리 공간이 아틀리에로 바뀌고
아이디어 소품 하나로 아이를 아티스트로 만드는 노하우 |

01
아이 꿈이 자라는 아틀리에

창의성을 높이는 특별한 환경

"아이 없는 집이라 역시 다르구나."

내가 아이가 없을 때 종종 듣던 말이었다. 또래에 비해 출산이 늦었던 내게 인생의 선배인 친구들은 늘 앞선 조언을 해 주었다.

"아이 생겨 봐라. 아이들 키 높이 물건들은 다 철수해야 해. 벽이며 가구며 그냥 포기해야 한다니까. 부서지고, 긁히고, 낙서해도 괜찮은 가구로 아예 들여 놓든지. 아이들 크면 모두 바꾸겠다고 생각하면 오히려 마음 편해."

이런 이야기를 실컷 들었던 나였지만, 내 아이는 다를 거라고 기대했던 탓일까. 집의 장식은 점점 늘어났고, 집 안 구석구석 욕심스레 채운 물건들이 가득했다. 나 역시 아이가 자라니까 인생 선배님들의 그 말이 와 닿기 시작했다.

"혜연아, 만지지 마.", "거기 가지 마."

혹여 물건들이 망가지거나 때가 탈까 봐 불안해서 아이에게 자꾸 걱정을 쏟아 냈다. 아이로서는 자유와 창의성을 억압 당하는 일이었을 텐데 살림 사는 엄마로서는 어쩔 수 없는 일. 그렇다고 아이를 위해 물건들을 모두 정리하고 포기하기도 힘든 일 아닌가. 그런데 번뜩 단순하면서도 손쉬운 아이디어가 떠올랐다. 바로 집의 어느 한 구석을 정해서 아이만의 놀이 공간으로 아예 주어 버리면 어떨까? 그곳만큼은 잡동사니들을 모아 두고 이것저것 꺼내서 붙이고 칠하면서 아이가 마음껏 어지르며 답 없는 창작 행위들을 하도록 한다면? "하지 말라."며 금지하는 것이 아니라 "이곳에서만 실컷 하렴." 하며 허용하는 방식인 것이다. 흔히 공부 잘하는 아이로 키우려면 공부 환경을 조성해 주어야 한다고 한다. 엄마와 아빠가 책을 즐겨 읽고 텔레비전 대신 책이 놓여 있는 집 분위기에서 자란 아이들은 대부분 책을 좋아하고, 공부를 즐긴다는 이야기다. 창의력이 남다른 아이로 키우는 일도 마찬가지다.

가족들이 창작 활동을 즐기고 창의적인 놀이를 할 수 있는 공간이 마련된 집에서 자란 아이는 대부분 창의적이게 마련이다. 창의력이 샘솟는 집은 화려한 인테리어나 신기한 장난감, 엄마의 솜씨로 만들어질 수 없다. 창의성을 표출할 수 있는 작은 공간과 가족들의 창조적인 에너지만 있으면 충분하다.

"우리 집은 너무 좁은데……."

엄마들의 볼멘소리가 들리는 듯하다. 쉽게 생각하자. 한 평도 괜찮다. 우리 집에 창의성을 불어넣어 줄 자투리 공간은 집 안 한구석에 분명 있다.

'창의적'이라고 불릴만한 아이디어나 업적은 한 개인의 머리에서 나오는 것이 아니라 여러 조건이 어우러져서 빚어내는 상승 작용의 결과다.

창의성을 향상시키기 위해서는 창의적인 생각을 하려고 노력하기보다는 환경을 변화시키는 쪽이 훨씬 수월하다.

《창의성의 즐거움》미하이 칙센트미하이

우리 아이 아틀리에 마련하기

언제나 재료가 놓여 있는 아이만의 창작 공간 '아틀리에'를 마련해 보자. 아이 아틀리에가 생기면 아이가 미술 놀이를 한 뒤 어지럽힌 방을 치우는 데 골머리를 앓을 필요도 없고, 지저분했던 공간에 생기까지 불어넣을 수 있다.

베란다 아틀리에

집이 아파트라면, 먼저 베란다부터 둘러보자.

보통 베란다는 화초를 키우거나 잡동사니를 수납하는 공간으로 많이 쓴다. 그래도 한 귀퉁이는 어느 정도 여유 공간이 있게 마련이다. 게다가 대개는 수도꼭지도 마련되어 있어 아이가 물감 놀이를 할 때 일일이 물을 떠다 날라야 하는 귀찮은 일을 덜어준다. 물감을 흘릴까 봐 비닐을 깔아 주어야 하는 부담도 없고, 바닥을 굳이 닦을 필요도 없다. 그 뿐인가. 인테리어 효과까지 톡톡히 볼 수 있다. 혹시라도 베란다 바닥에 물감이 떨어져 얼룩이 지거나 말라 붙어 있더라도, 공구가 조금 널부러져 있거나 색종이들이 흩떨어져 있더라도, 그마저도 멋스러워 보이지 않을까? 베란다 유리문에 그려놓은 그림과 꼬마 이젤 등도 같이 보인다면 얼마나 깜찍하겠는가. 게다가 대부분 베란다는 통유리로 돼 있으니 거실에서 가족들이 딴 일을 하면서도 베란다에서 놀이하는 아이를 지켜볼 수 있어서 안전하기까지 하다. 또한 베란다 한 쪽 벽을 아이가 창작한 작품들을 전시하는 곳으로 활용할 수 있어 좋다.

베란다 아틀리에는 아이에게 특별한 공간 개념을 심어 줄 수 있다. 엄마가 조금만 교육하면 아이는 자신의 아틀리에에서 놀고 정리하는 과정을 경험하며 집의 다른 공간을 보호할 줄도 알게 된다.

차고 아틀리에

얼마 전 아파트에서 주택으로 이사하면서 내게는 베란다가 없어졌다. 그래서 차고를 나와 딸의 아틀리에로 개조하였다.

우선 드로잉과 독서 등을 할 수 있는 작업용 책상을 들여 놓았다. 그리고 아이만의 작업대도 한쪽에 마련해 주었다. 테이블 한 개를 아이 키 높이에 맞게 다리를 잘라서, 내 책상 앞에 90도로 놓아주었다. 그래서 일을 하면서도 쉽게 아이의 창작 활동을 지켜볼 수 있다. 벽에는 아이에게 보여 주고 싶은 다양한 작품들을 걸어두는데, 그 옆에 동등하게 딸의 작품도 걸고 있다. 아이는 엄마 작품과 나란히 걸린 자신의 작품을 보면서 자신감을 키울 수 있다.

비닐 앵글 아틀리에

집 안에 또 다른 집 '비닐 앵글 아틀리에'(다음 쪽) 만들기도 좋은 방법이다. 비닐이어서 투명하기 때문에 집 안에 있어도 답답하게 보이지 않는다. 공간이 분할되면 같은 공간에 아이만을 위한 공간이 덤으로 생길 수 있으며, 앵글 안에서 이루어지는 작업들이 쌓일수록 아이 방의 인테리어 효과까지 톡톡히 볼 수 있다는 것도 장점이다. 비닐 앵글 아틀리에는 집 안에 두어도 좋지만, 마당이 있다면 볕 좋은 날 야외에 두어도 좋다. 앵글 짜기에 자신이 없다면 설계 개념이 더 발달한 남편에게 도와 달라고 해 보자.

어디에나 아틀리에

베란다 아틀리에, 차고 아틀리에, 비닐 앵글 아틀리에도 모두 좋지만 사실 무엇보다 중요한 것은 집뿐만 아니라 아이의 생활 곳곳이 아틀리에가 되도록 하는 것이다. 이름 하여 '어디에나 아틀리에'. 자동차에도 간단한 스케치북과 색연필을 놓아두자. 아니면 자석 스케치북도 괜찮다. 나는 메모지와 함께 펜을 늘 가방에 넣고 다닌다. 특히 요즘에는 심 하나에 3~4가지 색이 있는 색연필을 챙기는데 아이가 한 개의 펜으로 여러 색을 쓸 수 있어 좋아한다. 때와 장소를 가리지 말고 아이가 그림 놀이, 창작 놀이를 할 수 있도록 생활화해 주자.

비닐 앵글 아틀리에 만들기

1 앵글을 미리 짜 두어요. 앵글은 가는 것은 m당 1300원, 굵은 것은 1800원입니다. 앵글 집에 사이즈만 말하면 잘라 주어요. 볼트와 너트로 조이면 됩니다.

2 PVC 비닐을 입혀요. PVC 비닐은 책을 포장하는 비닐로, 문구점에서 쉽게 구할 수 있어요. 비닐 접합기(89쪽)로 하면 5분 만에 할 수 있어요.

3 "내 아틀리에니까 예쁘게 그려야지!"

4 바깥 꾸미기는 아이와 함께해요.

5 짠! 비닐 앵글 아틀리에를 완성했어요!

6 자외선을 막을 수 있게 담요로 덮어 주어요.
안에 작은 테이블과 의자를 넣어 주고요.

7 가끔은 엄마도 같이 그림을 그려요.

02
꼬마 아티스트로 만드는
소품 아이디어

재료 창고를 마련하자

　법정 스님의 말처럼 '무소유'가 궁극적으로는 인생의 도리가 아닌가 싶다. 최대한 절제하고 자주 버리면서 검소하게 사는 삶. 하지만 오만 가지 재료들을 활용하는 내 작업의 특성상, 나는 이제나 쓸래나 저제나 쓸래나 싶어 모으고 쌓아가며 살고 있다.

　피카소는 97년이라는 일생 동안 매일 평균 약 석 점씩 열정적으로 작품을 완성했다. 그는 온갖 폐품과 쓰레기 수집광이었다. 눈에 보이는 일상의 모든 것들이 훌륭한 미술 재료로 보였기 때문일까? 그는 보잘 것 없다고 여기는 재료를 자유로이 활용하며 역사를 뒤흔드는 예술품을 탄생시켰다.

　"우선은 버릴 게 있어야 버리면서 살게 아니냐."라던 한 스승의 말이 큰 위로가 되기도 하지만, 반대로 버릴 게 너무나 많은 것은 아닌지 모르겠다. 특히 나 딸의 미술교육에 관심을 가진 뒤로 내 책상에는 잡동사니들이 더 늘어나고 있다. 어쩌랴. 훗날 다 버리기를 위해서 일단 쌓아 두는 단계라고 생각하며 위안하는 수밖에. 대신 쌓아 두기에도 전략이 필요한지라 그 요령을 익히고 있다.

아이가 생기면 주변의 온갖 물건들을 알뜰하게 활용하는 요령이 필요하다. 쉽게 버릴 것도 한 번 더 생각하고 일단 보관하고 보는 버릇도 기르면 좋다. 그러다 보니 요즘 서랍 구석구석 잡동사니들이 너무나 많이 쌓였다. 선배 엄마들 이야기를 들어보니 아이가 초등학교에 가면 준비물로 당장에 구할 수 없는 것들이 어찌나 많은지 난감할 때가 많다고 한다. 우유 팩, 페트병, 나뭇잎, 돌멩이, 헌 잡지 등은 무척이나 일상적인 재료이지만 필요할 때 집 안에서 이런 것들을 찾아내기란 쉽지 않다.

이런 재활용품이나 쓰레기들은 아이가 미술 놀이하기 참 좋은 재료이다. 잡지는 아이의 가위질이나 콜라주의 도구로, 신문지는 종이 찰흙의 도구나 색다른 스케치북으로, 우유 팩은 만들기 재료로. 그렇지만 이런 것들이 집 안에 쌓이면 너무 너저분하니 어찌할까?

아예 온갖 잡동사니를 모아 두는 자그마한 창고를 마련하면 어떨까? 이름하여 '일상 재료 창고.' 한 칸짜리 책장(약 35cm×35cm)을 두세 개 겹치면 훌륭한 재료 창고가 된다. 아니면 기존 책장 한쪽을 비워서 사용해도 좋다. 그 안에 종이와 크레파스, 색연필, 사인펜, 물감, 색종이, 가위 같은 기본 미술 재료는 물론이고 신문, 잡지, 안 입는 옷, 전단지, 우유 팩처럼 활용하기 좋은 재료들도 넣어 두자.

특히 장볼 때 가져온 과일이나 두부가 담겨진 플라스틱 팩은 천 조각, 실, 비즈 같은 작은 물건을 수납하는 데 좋다. 일상 재료 창고에는 산책할 때 주워 놓은 잎사귀, 낙엽, 돌, 나뭇가지, 꽃잎, 솔방울 들을 넣어 두자. 화장품 케이스나 묵은 화장품도 훌륭한 미술 도구가 될 수 있다. 멋진 도구로 변신할 수 있는 캐

캐묵은 브러시도 잊지 말자.

어떤 물건을 버리기 전에 일단 '일상 재료 창고'에 보관해 두는 버릇을 들이면 어떨까? 시간이 흐르면 아이 스스로도 자신이 필요한 것들을 모아 둘 것이다. 자질구레해 보이지만, 그 자리는 우리 집 꼬마 아티스트에게는 더 없이 소중한 보물 창고가 될 것이다.

아트 바구니를 들고 다니자

배우 윤석화 님. 가정과 사업, 공연 등으로 홍콩과 영국 또 한국을 오가며 그 누구보다 바쁘고 꽉 찬 삶을 사는 분이다. 그런데 그 분이 자신의 가방보다 더 큰 바구니 같은 가방을 꼭 챙기는 풍경을 자주 목격한다.

자동차에서도, 비행기 안에서도 다른 짐은 짐 칸에 넣어도 반드시 당신 자리 옆에 두는 그 바구니는 바로 아이들을 위한 학습 겸 놀이 가방이다. 영국에 있는 미술관 아트숍에서 발견한 책인데 너무 좋다며 보여 주던 책도 바로 그 바구니에서 나왔다.

"우리 딸이 그림에 재능이 좀 있는 것 같아. 한번 봐 줄래?"

내 딸과 같은 나이인 윤 대표님의 딸 수화는 그림도 훌륭한데다가 영어로 자신의 사인까지 또박또박 써 놓고 있었다. 화가의 딸은 내 딸인데, 내 눈에도 수화의 그림과 글씨가 더 좋아 보였다. 그 그림 또한 아트 바구니에서 나왔다.

비행기에서 내려 이동하는 차 안에서도, 평상시 집에서도 그 바구니는 마치 아이들의 분신처럼 함께한다고 한다. 그 바구니에는 책, 스케치북, 그림 도구, 작은 장난감들이 들어 있다. 언제 어디서나 그 바구니만 있으면, 아이에게 간단한 예술 프로그램을 제공할 수 있다. 윤 대표님은 일 때문에 아이를 챙길 수

배우 윤석화 님의 자녀들을 위한 아트 바구니.
아들 것과 딸 것을 따로 하나씩 마련해 두셨다.

없는 상황이 생기면 아트 바구니에서 책 한 권 혹은 장난감이나 그림 재료들을 꺼내서 아이에게 준다. 때로 주변 사람들에게 재료의 사용법을 설명해 주며 아이를 돌보아 달라고 부탁도 한다. 아이들은 바구니 옆에 모여서 예술 놀이를 하며 재미있게 잘 논다.

우리 아이를 위한 아트 바구니를 마련해 보자. 색연필, 노트, 체험 북, 간단한 장난감 등 아이가 좋아하는 놀잇감이나 장소에 상관없이 할 수 있는 몇 가지 예술 놀이 아이템을 넣어서 다니자. 이것은 밖에서 볼일을 보는 동안 아이에게 집중할 수 없을 때 틈틈이 아이를 돌보는 역할을 할 수 있고, 눈에 띄는 새로운 창의적 놀잇감을 챙겨 넣기에도 좋다.

작업복을 지어 주자

체험 미술 놀이 수업에 참관해 보면 그곳에 참여한 엄마들의 불편한 마음을 느낄 수 있다. 아무리 아이가 얼룩이 묻어도 괜찮은 옷을 입고 있다 해도, 당장 옷에 이것저것이 묻는 꼴(?)을 직접 보면 찝찝한 기분이 드는 것이 사실이다.

아티스트들은 대개 창작할 때 작업복을 입는다. 아티스트들의 작업복은 한마디로 일상복을 보호하고 창작의 자유를 얻기 위한 것. 페인팅을 위주로 하는 화가라면 세월만큼 물감이 멋스럽게 묻어 있는 앞치마를 두른다. 우리 아이도 아티스트처럼 작업복을 마련해 주면 어떨까. 그 옷만 입으면 마음껏 미술 놀이를 해도 된다는 자유로움도 심어 줄 수 있고, 아이 옷이 물들고 더러움 타고 찢어진다 해도 걱정할 염려가 없다. 또 시간이 지날수록 그림 때가 묻은 멋진 가운으로 변하는 과정을 지켜보는 것도 흐뭇한 일!

시장에 나가 보자. 그런데 기성 제품 중에 전신 가운을 찾기는 좀 힘들 것이다. 시장에서 파는 작업복은 보통 부분 조끼나 앞치마 형식이다. 여름이야 노출된 피부에 묻은 것을 씻으면 된다지만, 겨울엔 목과 팔, 다리 부분을 어떻게 보호한다?

나는 어느 날 먹다 남은 재료의 비닐 봉지를 재봉합할 수 있는 '비닐 접합기'라는 것을 알게 되었다. 인터넷 쇼핑몰에서 비닐 접합기 혹은 비닐 밀봉기로 쉽게 검색할 수 있는데, 나는 9,900원짜리를 구입해서 아틀리에, 작업복, 가방 등을 만드는 데 매우 잘 활용하고 있다. 비닐과 비닐 접합기를 활용하면 5분만에 간단하게 뭐든지 만들 수 있다. 이것이 그림 엄마 창작의 시작이다.

5분 만에 후딱 비닐 작업복 만들기

1. 아이 겨울 외투, 비닐, 가위, 자, 비닐 접합기, 사인펜을 준비하세요. 비닐은 제일 얇은 1~2mm 두께의 우레탄 비닐이 부드럽고 유연해서 좋아요. 얇지만 아주 질기답니다.
(※ 파는 곳은 아래와 같아요. 모두 방산 시장 안에 있어요.)

- 신성호 비닐
t) 02-2269-0968 f) 02-2269-0970
www.sshvinyl.com
서울시 중구 동호로37길 20 방산 시장 A동 1층 81호

- 우레탄 월드
t) 02-2264-8003
서울시 중구 동호로37길 20 방산 시장 A동 1층 94호

2. 아이의 편안한 겉옷을 놓고 외곽을 따라 그려 줍니다.

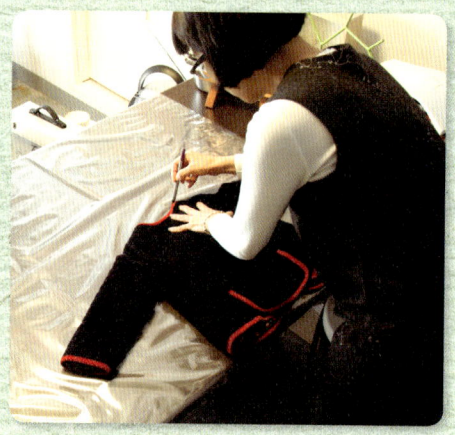

3. 싹둑싹둑 재단해요.

④ 비닐 접합기를 사용하여 스티치 모양처럼 지그시 누르면서 옷을 만듭니다.
쉼 없이 밀어 밀봉하기보다는 뚝뚝 끊으며 점선으로 박는 것이 훨씬 쉽고 편해요.

⑤ 옷처럼 만들어서 한쪽 부분만 중심을 갈라 주어요. 뒤쪽이 등판이 됩니다.

⑥ 남은 비닐 조각으로 길이 15cm에 너비 2~3cm 정도로 끈 두 개를 잘라 만들어요.

⑦ 옷 앞면 양쪽에 여밀 수 있도록 비닐 접합기로 부착합니다. 여러 군데 눌러서 튼튼히 합니다.

8 이렇게 매듭을 지으면 완성!

9 매듭이 뒤로 가도록 묶어 주면 돼요.

> 5분 만에 뚝딱
> # 비닐 가방 만들기

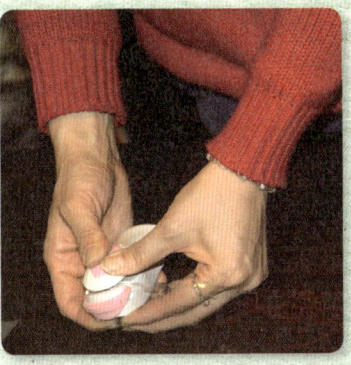

① 비닐, 가위, 자, 펜, 비닐 접합기를 준비해요. 알맞은 크기로 재단을 시작합니다.

② 비닐과 비닐을 겹쳐서 접합기로 누르기만 하면 접착이 되지요.

③ 형태를 만들기가 쉽고 간편하죠?

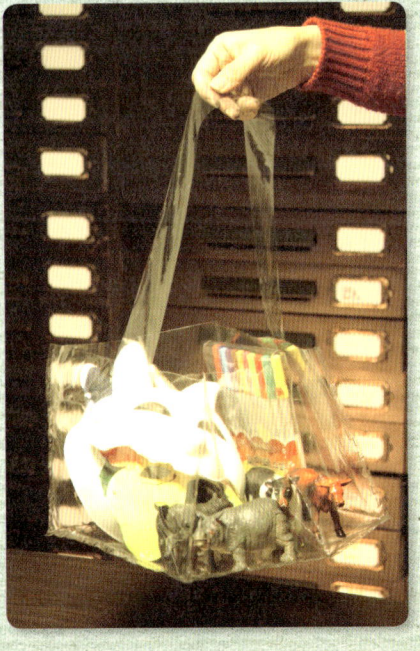

④ 무엇이든 담는 수납 박스를 만들 수도 있고 손잡이를 달면 간단한 가방이 된답니다. 다만 담을 것들의 무게에 따라 가방 사이즈와 손잡이 두께를 고려해야겠지요? 이 재료와 방식으로 다양한 수납 박스와 가방을 만들어 볼 수 있어요.

03 우리 집이 갤러리가 되었어요!

아이 작품을 보관하는 수납 장

사람의 일생을 통틀어 가장 왕성하게 그림을 그리는 시기는 초등학교 들어가기 전일 것이다. 특별히 미술 전공을 목표로 삼은 사람이 아니고서는 말이다. 한참 아이들이 그림을 많이 그릴 때는 아이들 그림이 쌓이는 것이 큰 골칫거리이다. 버리기엔 좀 아깝고, 마냥 쌓아 둘 수도 없고, 집 안에 결국은 이리저리 굴러다니다 쓰레기통행이 되기 십상이다. 그림을 보관하는 일은 쉽지 않다. 책처럼 꽂아 둘 수도 없고, 한 층 두 층 쌓아 가다 보면 무게 중심도 흔들려서 그림이 구겨질 수 있다. 또, 박스에 담아 놓으면 어느새 곰팡이가 슬거나 퀴퀴한 냄새가 나기도 한다.

미술로 다양한 활동을 하고 있고 내 딸과 일상 미술을 실천하고 있는 이 시점에서, 너무도 안타깝고 아쉬운 것이 있다. 바로 내 어릴 적 그림이 한 점도 남아 있지 않다는 것이다. 피카소의 8세 때 그림을 보면서 부러웠던 점은 그의 천재성보다 8세 때 그림도 보관돼 있었다는 사실이었다. 나의 어릴 적 그림도 남

아 있다면 많은 이야기를 아이에게 들려
줄 수 있었을 텐데. 어쩌면 이 때문에 내가
딸 그림 모으기에 더 집착하는 것인지도
모르겠다. 난 아예 아이 그림 보관 장을
마련했다. 딸이 시집갈 때 혹은 독립할
때 이 장을 함께 선물하려 한다. 일명 혼
수 장이라고나 할까. 그때까지 내내 보관할
요량으로 장식적인 효과가 좋은 영국 앤틱
장으로 구비했다. 물론 나는 미술을 직업
적으로 하는 사람이므로 그림에 관련된 일
에는 상식 수준에서는 이해 안 되는 지출

아이 그림을 보관하는 수납 장으로 마련해 둔 것.

을 하기도 하니 참고로만 들으시라. 나는 요즘 그 장 서랍 칸칸이 아이의 성장
과정과 그림 수량을 적어서 정리하고 있다. 채워지는 그림을 볼 때마다 얼마나
기쁘고 흐뭇한지……. 지금은 아이가 그리는 그림이 많지만 아마 시간이 흐를
수록 그 양은 줄어들 것이다. 그리고 아이가 어른이 될 때까지 한동안 그 그림
들은 먼지가 쌓인 채로 잠들어 있을지 모른다.

    지인 중 한 분은 자신이 어릴 적 그린 그림에 액자를 해서 사무실에 당당히
걸어 놓았다. 어릴 때 그림을 이렇게 활용한다는 것은 참 멋진 일 아닌가? 어릴
적 그의 집엔 그림을 보관해 온 수납 장이 있었다고 한다. 아이들 옷 서랍 장처
럼 그림 서랍 장을 한번 구비해 보자. 어떤 것이라도 상관이 없다. 중고 캐비닛
도 괜찮다. 아니면 재활용 가구점에서 작고 낡은 서랍 장을 구해 보자. 거기다
마음껏 물감 칠을 하거나 스티커를 붙여서 세상에서 단 하나 뿐인 아트 수납
장을 만들 수도 있다.

한 쪽 벽면을 갤러리로 만든 쌈지. 직원들은 오가며 입주 작가들의 전시를 즐겼다.

우리 집은 갤러리

작가에게는 아틀리에에서 하는 작업만큼 중요한 것이 있다. 바로 전시장에서 전시를 하는 일이다. 단지 작품을 팔아서 수익을 낼 수 있어서가 아니다. 사실 예술가 중에서 전시를 해서 작품을 팔아서 먹고살 수 있는 사람들은 매우 드물다. 게다가 젊어서는 시간적 물질적 투자가 막대하다. 전시 한 번 하려면 작업실 운영비뿐 아니라 작품 제작비며 전시를 준비하며 드는 기타 비용도 꽤 많이 나간다. 대부분 수익보다 지출이 큰데도 작가들이 전시에 집착하는 이유는 무엇일까?

작가들은 자신이 살고 있는 동시대 사람들과 소통하며, 평가받고, 전진하고 싶어한다. 그리고 세상에 생산적인 발언을 보태고 싶어한다. 그런데 그들은 실제 전시장에서 관람객들을 만나면 작품에 대한 자신의 의도 이상으로 질문과 의견을 받는 경우가 많다. 그것이 그들의 다음 작업에 상당한 영향을 끼치게 된다. 전시를 통해서 작업실에 갇혀 있던 작품에 대해 객관적인 비판과 격려와 칭찬을 듣고 다시 힘을 얻어 분발하게 되는 것이다.

우리 집 꼬마 아티스트에게도 이 같은 기회를 주자. 날마다 아이가 쏟아내는 창작물을 단순히 보관해 주는 것만으로는 충분하지 않다. 식구들이 보아 주지 않는 작품은 아무런 의미가 없다. 아티스트처럼 아이가 마음껏 전시를 할 수 있게 해 주자. 바로 우리 집 갤러리를 통해서! 갤러리라는 표현이 너무 거창한가?

나는 실제로 '한 뼘 갤러리'라고 해서 약 한 평 반 정도 되는 벽에 전시를 한 적이 있다. 쌈지 아트센터에 입주한 작가들은 쌈지 본사 1층에 한 뼘 반 정도의 벽면에 전시를 해야 하는 의무 겸 기회가 있었다. 말이 갤러리이지 직원들이 오가는 입구 쪽의 작은 한 벽이었다. 이 공간이 갤러리라는 옷을 입고 멋진 예술 공간이 되고 소통 공간이 되다니! 이것이 발상의 승리가 아닌가? 그곳은 직원들이 오가며 전시를 보고 담소를 나누는 장소로 자리매김 했다. 아이에게도 우리 집 한 뼘 갤러리를 마련해 주자. 벽의 한 쪽처럼 작은 공간이라도 괜찮지만 분명히 '갤러리'라고 명명해 주고, 그곳에서 아이가 자신의 작품을 전시할 수 있도록 해 주자.

무엇보다 우리 집 갤러리에서 아이의 작품을 보고 **긍정의 피드백을** 쏘아 주자. 작품을 전시한다는 것은 아이에게 **자신감을 키워 주는 원동력**이 될 것이다.

아이만의 아트 월

대개 갤러리의 벽들은 하얗고 넓어서 여유가 있다. 또한 작품들은 작품과 어울리는 액자에 고이 끼워져 있다. 갤러리야 작품만을 제대로 감상하기 위한 공간이니까 그렇다고 하지만 집에서 작업물들을 전시할 때는 이와 다르다. 벽이 흰색인 경우도 많지 않고, 공간도 좁으니 작업물들을 여유 없이 다닥다닥 붙여야 한다. 게다가 아이 그림은 우글거리고 사이즈는 제각각이고 한데 모아 놓으면 보기에도 어지럽다. 실제 갤러리와 우리 집 갤러리의 차이는, 아파트 모델 하우스 책장과 우리 집 책장과의 차이랑 비슷하다고나 할까? 모델하우스 책장에 가지런히 꽂힌 책들은 당장 우리 집 것과 너무 다르게 깔끔하지 않는가! 우리 집 갤러리를 시도하다가 오히려 집 한 켠을 지저분한 풍경으로 만들 수 있다. 좋은 의도로 시작은 했지만 이내 철수를 고민할지도 모르겠다. 하지만 나는 과감하고 강력하게 다닥다닥 벽에 붙여 보기를 추천한다. 그 공간만큼은 아이 스스로 마음대로 활용하며 꿈을 키우도록 내버려 두어야 하고, 우리 아이는 그 벽정도 만큼은 창의력을 발산할 권리가 있다!

　　예술 고등학교 시절, 입시를 앞두고 치열하게 입시 미술을 공부하던 때였다. 당시 나의 그림 공부는 끝없는 시행착오의 반복이었다. 잘못된 습관, 부족한 단점들은 해도 해도 끝이 없이 지적되었다. 남보다 암기력과 기억력이 떨어지던 나로선 집에 와서도 쉴 수가 없었다. 이상한 점은, 스케치북에 갇혀 있는 그림을 보면 마치 배웠던 미술 지식과 실습 노하우도 모두 그곳에 갇혀 버릴 것만 같았다. 그래서 수업 시간에 그린 4절지나 2절지 큰 그림들을 매일매일 낱낱이 뜯어서 2평 남짓인 내 작은 방에 천장까지 가득 붙여 놓았다. 붙여 놓은 그림 중에는 내 졸작을 포함하여 선배들의 잘 그린 작품과 잡지에서 뜯어낸 좋은 그림들도 있었다. 내 실수를 보는 것만큼이나 좋은 그림들을 계속 익히는 것도 중요하다고 생각했다. 늘 깔끔한 우리 어머니였지만, 당시 도깨비 굴 속 같은 내 방은 아무 말 없이 보고 참아내셨다.

　　그림을 붙여 놓고 기억한 일은 나에게 큰 효과가 있었다. 그 이후로 나는 내가 부러운 것, 목표로 삼는 것에 대한 이미지들을 벽에 붙이는 것이 습관이 되었다. 지금도 나의 작업실은 닮고 싶고 영향을 받고 싶은 감성 자극제와 같은 그림들이 도배되어 있다. 모두들 이와 비슷한 경험들을 했을 것이다. 우리는 컴퓨터나 핸드폰 바탕 화면, 혹은 수첩이나 일기장 안에 좋아하는 이미지를 넣어 두고 자주 본다. 그 이미지들을 보면서 부러워하고 좋아하며 닮고 싶어하면서. 아마도 고시나 입시를 앞두고 책상 앞에 '필승!'과 '결심!' 같은 단어를 붙이는 일도 비슷한 맥락일 것 같다. 아이만의 아트 월에는 꼬마들의 그림뿐만 아니라 그들이 학습한 것, 그들의 애장품 그리고 아이가 소망하는 것들을 마음대로 붙이게 하자. 가끔은 엄마가 아이와의 추억이 담긴 사진이나 사랑스러운 글귀 들을 붙여 두어도 좋겠다. 이 자그마한 아트 월이 아이 꿈과 **호기심**의 풋대가 될 수도 있다. 아이들이 자기 꿈을 키워 가도록 내버려 두자.

아트 월의 변신

요즘 내 딸은 그림을 그릴 때 A4 용지나 8절지를 주로 사용한다. 어느 날 나는 인터넷 쇼핑몰에서 A4 용지 액자와 8절지 액자를 다양하게 주문했다. 액자와 더불어 칠판 보드와 철망 꽂이 판도 주문했다. 액자에 아이 그림을 넣고 그 액자들을 어우러지게 해 사람이든 동물이든 아이가 좋아하는 형태를 만들어 보면 어떨까? 몬드리안 그림 혹은 조각보 모양을 흉내내도 좋겠다. 그 자체로 설치 조각품의 역할을 충분히 해낼 것 같지 않은가!

아트 월의 새로운 변신은 이렇게 시작되었다. 아무래도 액자를 못으로 박아서 걸면 후에 다른 모양으로 변신시키기는 힘들 것 같아서 고정시키는 것을 고리 형태로 골랐다. 동그란 벽시계 아래에 액자 열 개를 이리저리 배열하니, 사람 모양이 되었다. 액자에다 아이의 작품을 끼워 걸었다. 그러니 지저분해 보이던 아트 월이 그 어떤 복잡한 것을 걸어 놓아도 작품처럼 깔끔해 보였다.

아트 월은 비슷한 사람 모양으로 내가 직접 제작한 미디어 수납 장 옆에 마련했다. 그러니 수납 장과 아트 월이 사뭇 쌍둥이 남매처럼 보인다. 미디어 수납 장 옆에는 고 백남준의 포스터 작품이 걸려 있다. 개인적으로 무척 좋아하는 포스터인데 이전 나의 작업실에 걸어 둔 것을 이 아트 월 옆으로 가져왔다. 수납 장과 아트 월, 포스터를 나란히 놓아 보니 알겠다. 나의 시도들의 뿌리는 백남준 선생이었구나! 닮고 싶은 것, 좋아하고 존경하는 것을 보이는 곳에 걸어 두고 지내다 보면 이렇듯 삶 속에서 자신도 모르게 그 영향력이 발휘되는 것을 종종 경험할 수 있다.

아트 월을 변신시켰다. A4 용지와 8절지 액자를 다양하게 주문해서 사람 모양으로 만든 다음 아이 작품을 끼워 두었다.

젬마네
아이 창의 환경

'창의력이 샘솟는 집'을 외치는 젬마네는 아이에게 어떤 환경을 조성해 주었을까. 우리 집에는 아이를 위한 작지만 재미난 공간들이 많은 편이다. 아이에게 아침에 일어나 미끄럼 타고 쓩 내려올 수 있고, 텐트 룸이나 소꿉 요리방도 만들어 들락날락거릴 수 있는 놀이 침대를 만들어 주었다. 아이는 앞마당에 조그맣게 만들어 준 모래 놀이터에서 할아버지와 소꿉장난을 하기도 하고, 차고 작업실에서 그림 그리고 놀기도 한다. 또 작업복을 입고 창작 놀이를 하다가 마당에서 뒹굴기도 한다. 밤이 되면 아이는 자기 방 옆 모서리에 기도방이라고 이름 붙인 곳에서 기도도 한다.

뒹굴어도 괜찮은 비닐 작업복을 입은 아이

놀이 기구를 겸한 이층 침대

좋아하는 이미지를 다닥다닥 붙여 놓은 한쪽 벽

엄마와 가꾸는 꽃밭

마당에 마련한 미니 모래터

아이 방 옆 모서리를 이용한 깜찍한 기도방

소변기가 마르셀 뒤샹에 의해 예술 작품인 '샘'으로 태어난 지 한 세기가 지났다. 그 이후 차츰 일상과 예술의 경계는 무너지기 시작했다. 오늘날 수많은 예술가들과 문화 선진국들은 '일상'을 살짝 바꾸어서 '예술'이 되는 프로젝트를 찾느라 분주하다. 이런 시점에서 우리가 미술을 '배우러' 어딘가로 가는 일은 좀 촌스럽다. 이제 미술을 '하러' 가자.
어디로? 아이와 집 안팎으로!

— 본문 중에서

03

일상+자연+미술 놀이

| 잡동사니를 창의 미술 도구로, 일상을 '미술적'으로 바꾸는 놀이 |

01
삶을 **창의적**으로 만드는 일상 미술 놀이

'나는 변기를 들어 현대미술의 얼굴에 집어던졌다.'

소변기가 마르셀 뒤샹에 의해 예술 작품인 '샘'으로 태어난 지 한 세기가 지났다. 그 이후 차츰 일상과 예술의 경계는 무너지기 시작했다. 오늘날 수많은 예술가들과 문화 선진국들은 '일상'을 살짝 바꾸어서 '예술'이 되는 프로젝트를 찾느라 분주하다. 이런 시점에서 우리가 미술을 '배우러' 어딘가로 가는 일은 좀 촌스럽다. 이제 미술을 '하러' 가자. 어디로? 아이와 집 안팎으로!

화방 나들이하기

자, 일단 대형 화방 나들이부터 해 보자. 물감은 용도에 따라, 종이는 재질에 따라 얼마나 다양한지 살펴보자. 나는 얼마 전 화방에서 새롭고 신기한 실용 물감들을 발견하고, 처음으로 사용해 보았다. 다림질을 하지 않아도 염색이 되는 섬유용 물감을 가지고 티셔츠, 쿠션, 모자, 신발에 그림을 그렸고, 유리용 물감과 도자기용 물감도 써 보았다. 나는 홍대 작업실에서 주로 작업을 하기

개그맨 이동우 씨의 딸 미술 영재 지우 양의 그림으로 만든 우리 딸과 나의 커플 룩.
옷 전사 프린트지(www.decal4u.co.kr)를 이용하여 옷 위에 다림질하여 제작했다.

에 그 근처 대형 화방에 자주 간다. 그 화방은 청계천이나 동대문에나 있을 법한 재료들까지 다양하게 소량으로 판매하고 있다. 사실 재료가 너무 많으면 몰라서 못 쓰는 경우가 많은데, 그 화방에서는 재료에 대한 정보가 담긴 영상까지 틀어 주고 있다. 생각을 조금 바꾸면 화방에서 미술 재료를 구입하는 데 과감해질 수 있다. 좋은 영양 크림 하나 살 돈으로 이것저것 재미난 미술 재료와 도구들을 사 보라. 영양 크림을 바르면 얼굴이 예뻐질지 몰라도 이것들을 사면 마음과 정신이 풍요로워진다. 이것이 바로 '예술 투자'가 아니겠는가.

1 자기 다리는 아이가 자주 찍는 소재이다.
2 아이는 사진기를 가지고 아무나 마구 찍어 대서 폐를 끼치는 경우가 종종 있다.
3 아이 눈에도 꽃은 예쁜가 보다. 사진 속에 딸아이의 마음이 보인다.
4 요즘 부쩍 미미와 포도를 좋아한다.
5 엄마는 딸의 가장 손쉬운 모델이다.

사진기 내주기

아이들은 참 신기하다. 글을 읽을 줄도 모르고 사용법도 배운 적 없는데 컴퓨터나 휴대폰 같은 디지털 기계를 어쩌면 그렇게 척척 다루는지. 어른들보다 더 빨리 기계에 적응하는 모습에 놀랍기만하다. 아이들은 사진 찍기를 참 좋아한다. 수시로 핸드폰에 동영상을 찍어 달라고 하고, 자신이 사진을 찍겠다고 휴대폰을 빼앗으려 든다. 엄마들이야 비싼 기계가 고장날까 봐 늘 노심초사인데 말이다.

보통 아이 백일이나 돌이 되면 전문 촬영 업체를 불러서 사진이나 동영상을 많이 찍는다. 그 촬영비가 만만치 않지만, 너도 나도 그렇게 하니까 어쩔 수 없다는 분위기로 기꺼이 지불한다. 하지만 그보다 훨씬 싼 디지털 사진기를 아이에게 사 줄 생각은 하지 않는다. 사진기는 비교적 비싸고 아이들에게 적절치 못한 도구라는 판단 때문이겠지. 아이에게 사진기를 내주어 보라. 나는 네 살배기 딸에게 사진기를 과감하게 내주었다. 사실 내주었다기보다 아이가 하도 떼를 써서 뺏기다시피 한 것이다. 그런데 아이가 이내 놀랍게 사진을 찍어대는 것을 보면서 깜짝 놀라고 말았다. 처음에 아이는 렌즈에 손가락을 대고 찍거나 제대로 사진기를 들지도 못했다. 그래서 그 당시 아이가 찍은 사진을 보면 도대체 무엇을 찍었는지 알 수 없었다. 하지만 요즘 아이의 사진 찍기 놀이는 빛의 속도로 발전해서 사진기를 쥐어 주지 않았다면 어쩔 뻔했나 싶기도 하다. 요즘은 사진을 핸드폰으로 많이 찍으니, 차라리 집에서 뒹굴고 있는 낡은 디지털 사진기를 과감히 아이에게 내주는 건 어떨까? 아니면 중고 사진기를 싸게 한 대 구입해도 좋겠다.

도자기 빚기

중학교 때 도자기를 만드는 체험 시간이 있었다. 그때 만든 도자기들은 아직도 내 삶과 함께하고 있다. 커다란 밤색 톤의 그릇은 요즘도 과일을 담기도 하고 온갖 물건들을 수납하기도 하는 등 지금까지 다용도로 쓰고 있다. 또 다른 한 접시는 잎사귀 모양인데, 가슴 턱까지 물에 담그고 목욕하는 풍만한 여인상을 안쪽에 빚어 놓았다. 어느 화집에서 본 것을 따라한 것 같은데, 중학생치고는 꽤 성숙(?)한 구상이었던 것 같다. 그리고 컵 두 개는 현재 에스프레소 잔으로 사용 중이다. 도자기 만들기는 '남는 미술'이다. 일상에도 유용하고 장식 효과도 좋고 훗날 추억거리도 된다. 한 번쯤 아이와 도자기 체험을 해 보았으면 좋겠다. 공방에서 저렴하게 만들기 체험이 가능하며, 만든 도자기는 가마에서 구워서 집으로 배달도 해 준다. 아이와 일상 미술 놀이를 해서 이왕에 실생활에도 도움이 되면 일석이조가 아닐까?

도자기 말고도 '남는 미술'은 참 많다. 모자나 티셔츠에 그림 그리기(109쪽), 나만의 가방 만들기(128쪽), 케이크와 쿠키 만들기(180쪽), 아이 그림으로 카드 만들기(179쪽) 등 일상의 소품을 아이와 함께 만들어 보자. 훗날 두고두고 사용할 수 있는 것도 있고, 생활에 직접 만든 것을 활용하다 생활에서 보면 다음 창작 활동을 하기 위한 동기부여가 된다.

고물 시계 사 주기

백남준 선생님이 텔레비전을 가지고 시작한 비디오아트는 이미 80년대 장르이다. 요즘 아이들은 디지털 영상 세대가 아닌가. 한참 신기술을 좋아하는 아이들에게 여전히 전통적인 미술만을 강요하는 것은 아닐까? 요즘 아이들에게는 컴퓨터를 해체하고 영상을 편집하는 교육이 필요하다. 일단은 구하기 쉬운 재료부터 시작해 보자. 아이들에게 마음껏 해체하고 부수어도 될 싸구려 시계나 라디오, 고물 컴퓨터, 고장 난 장난감 등을 사 주고 이들을 부수고 해체해 보게 하는 건 어떨까? 그 어떤 수업료보다 저렴하지만 그에 비해 대단히 놀라운 교육 효과를 거둘 수 있다. 아이들은 낡은 기계들을 분해해 보면서 세상이 좀 더 만만해지고, 궁금해지고, 도전하고 싶어질 것이다. 다만 이때 아이가 기계가 망가질까 걱정한다면 그 두려움을 없애 주는 것부터 시작하자.

현미경 선물하기

육안으로는 들여다보기 힘든 세상에 대한 자극과 호기심을 주고 싶다면? 아이에게 실험 관찰 놀이를 하게 해 주자. 사물을 클로즈업해서 새로운 세상을 보여 줄 현미경을 선물하면 어떨까? 왠지 현미경은 전문가들을 위한, 아니면 미술이라기보다 과학 수업의 도구일 것만 같다. 하지만 현미경을 통해 보이는 세계는 엄연히 존재하지만 눈에 보이지 않기에 아이의 사고력과 상상력을 불러일으키는 효과가 있다. 인터넷 쇼핑몰을 보니 아이의 연령대에 맞는 저렴한 현미경이 대단히 많다. 자, 이제 조금씩 아껴 두었던 엄마의 씀짓돈을 현미경 구매에 풀어 보자.

꽃구경하기

남편 일 때문에 백일을 겨우 넘긴 딸을 데리고 가게 된 독일 프랑크푸르트. 그 도시는 인구가 서울의 1/17밖에 안 되어서인지 무척 한산했다. 사람이나 차보다 풀과 나무가 더 많은 공간을 차지하는 이른바 '숲 환경'이었다. 고층 건물은 몇몇 사무실을 제외하곤 거의 없었고 높지 않은 아파트들은 가로수에 가려져 거의 보이지 않았다. 아이가 있는 엄마로서는 유모차로 거리를 활보하기에 좋았고, 버스나 지하철도 유모차를 가지고 쉽게 탈 수 있었다. 그래서 딸과 함

아이는 스스로 꽃을 찾고 다가가 한참을 감상한다.
나는 아이의 그 모습을 감상한다.

께 거리를 다니는 일은 무척 즐거운 일상이었다.

특히 거리 꽃밭은 우연히 받은 선물과도 같았다. 아이도 거리에서 꽃을 만나면 예쁘고 고운 색에 자극을 받는 듯했다. 꽃을 보면서 거리를 다녔던 그 시절에는 시장에 가는 것도 산책처럼 느껴져서 일부러 빙 둘러서 가곤 했다.

서울에 온 뒤로 그때가 그리워서 우리는 꽃 시장에 간다. 아니면 꽃길이 난 공원으로 산책을 나간다.

집 창문 꾸미기

거리를 걷다 보면 요즘에는 가게들마다 창문에 여러 가지 그림 장식들을 한 풍경을 쉽게 발견할 수 있다. 나도 화방에서 창문에 그림을 그릴 수 있는 펜을 색색별로 사 보았다. 이제 우리 집 창문은 그림 그릴 수 있는 보드가 되었다. 그리고 나서도 물수건으로 쉽게 지워지니 참 좋다. 베란다 유리문부터 시작해 보자. 펜 하나로 유리창을 캔버스로, 우리 집을 아틀리에로 만들 수 있다.

거리에서 발견한 그림 같은
카페 창문 풍경.

우리 집 광고 포스터 만들기

한 편의 광고를 보면서 감탄한 적 있는가? 짧은 시간 안에 보여지는 함축적인 이미지와 글귀는 더욱 강렬하게 뇌리에 남게 마련이다. 훌륭한 광고는 뇌를 자극하고 가슴을 뜨겁게 달군다. 광고는 창의적 발상의 결정체로서 칭송을 받는 분야이다. 세계적인 광고 페스티벌도 있고, 시상식도 있다. 나는 해외 광고도 챙겨 보고 광고 포스터들을 모아 만든 화집도 종종 사 본다.

우리 집 광고 포스터를 만들어 보면 어떨까? 가족을 대표할 만한 이미지들을 찾아 붙여 보자. 그러고는 고상한 가훈 말고 정신이 번쩍 들게 하거나 배꼽 잡을 만한 카피를 써 보자. '내겐 그런 센스와 유머가 없다.'고 걱정하지 않아도 된다. 아이에게 물어보라. "우리 집을 신문에 광고하려는데 어떻게 할까?" 아이에게 질문하며 포스터 만들기 작업을 함께 해 나간다면 재미있게 놀면서 가족 간의 끈끈한 유대감까지 덤으로 얻을 수 있다.

마음 그려 보기

대학 시절 희곡 작가 이강백 선생님과 시인 김혜순 선생님의 딸에게 미술을 가르친 적이 있다. 초등학생이었던 그 아이는 감성이 아주 독특했고 가히 그림에 천재적이었다. 내가 그 아이를 가르칠 기회를 얻은 것이 특별한 행운이었다. 아이는 어렸지만 이미 자신만의 독특한 그림 세계가 있었고, 모든 것을 자신의 그림으로 채워 가는 아이였다. 필통도, 연필도, 노트도, 가방도. 아이의 꿈은 분명했다.

"나는 화가가 될 거예요."

당시 미대생이었던 나는 그 아이의 뚜렷한 목표 의식이 부러웠다. 미술만 해 오던 나에게 방황이 시작됐을 때였으므로. 더군다나 천재적인 그 아이에게 사물을 보고 그대로 그리는 것을 가르치는 데 회의가 느껴졌다. 혹시 자유롭게 마음껏 그리는 이 아이에게 내가 암기하듯 배운 그림 그리는 법칙을 강요하며 그곳에 가두는 것이 아닐까?

죄의식 같은 것에 시달리다가 아이디어를 하나 냈다. 꽃이나 신발, 과일 같은 것이 아니라 추상화를 그리게 하면 어떨까?

"너는 힘이 뭐라고 생각하니?"

나는 그 아이와 대화를 나누었고, 대화의 주제를 그리도록 유도했다. 회의감이 들었던 내 마음에 생기가 돌았다. 우린 '사랑'을 그렸고, '행복'을 그렸고 '기쁨'을 그렸다. 그밖에 굉장히 많은 주제를 그렸는데, 그 중에서 지금도 기억나는 놀라운 그림이 있다. 바로 '조용한 것' 그리기였다. 아이가 한참 그리고 있는데 내가 보니 참 이상했다. 그 아이의 그림은 매우 소란스러웠기 때문이다.

"이번에 주제가 뭐였지? '조용한 것' 아니니?"

"네, 맞아요. 선생님."

"그런데 이 그림은 전혀 조용하지 않은 것 같은데?"

"선생님, 여기 그려진 걸 잘 보시면 하나하나 모두 소리가 나는 것들이에요. 이들이 모두 모여서 소리를 내면 오히려 더 조용할 것 같아요."

"……!"

그저 그 아이의 생각과 발상이 놀라울 따름이었다. 당시에 미처 내뱉지 못한 말이 있으니 이제 세상에 고하고자 한다.

'하산하려무나. 내가 너에게 더 이상 뭘 가르치겠니.'

추상화가 어렵다고? 추상화는 '마음 그리기'이다. 아이들에게 다양한 주제를

즉흥 31 | 바실리 칸딘스키 | 120×140 | 1913	새의 비상을 감싸 안은 여인 | 후앙 미로 | 복합재료 | 개인 소장 | 1941

가지고 추상의 세계를 그리게 해 보자. 아이들은 의외로 마음 그리는 것을 좋아
한다. 아이는 어른들이 생각하는 것보다 훨씬 놀라운 선생님들이다. 그들의 그림
에 나타난 이미지를 가지고 대화해 보자.

　　세상에서 가장 위대한 발명은 바로 어린 아이의 마음 - 에디슨

상상 꽃과 상상 물고기 그리기

세상에 존재하지 않는 것들을 상상해서 그려 보게 하자. 상상 꽃과 상상 물고기 그리기는 내가 아이들과 진행하는 미술 프로그램 중에서 반응이 제일 좋은 코너이다. 아이들은 저마다 신기하고 기발하고 아름다운 꽃과 물고기를 탄생시킬 줄 안다. 아이들의 놀라운 상상력에 감탄해보자.

상상 꽃

시간을 보기 위해 핸드폰과 컴퓨터에 매달리는 현대인들을 위한 시계 꽃.
꽃을 보면서 시간도 볼 수 있다. 꽃 시계의 모서리에는 하트 무늬가 있다.

러브 무지개 꽃. 하트 모양의 꽃잎에 무지개 색을 띤 행운의 꽃이란다.

별이 가득해서 밤에만 피는 꽃이다. 이 꽃을 보면 잃어버린 우정을 찾을 수 있다고 아이가 진지하게 설명하고 있다.

상상 물고기

인간들이 버린 쓰레기를 먹어치우는 착한 물고기

해초이면서 물고기인 일석이조 물고기

인간들의 쉼터가 되어주는 섬 물고기

나만의 동그라미 그리기

'가든파이브'라는 대형 쇼핑몰 지하를 갤러리로 탈바꿈시키는 기획에 아트 디렉터로 불려간 적이 있었다. 막상 그 공간에 가보니 갤러리로 바꾸기에는 커다란 장애 요인부터 눈에 띄었다. 건물 구조상 기둥들이 너무 많았던 것이다. 그래서 고심 끝에 아예 기둥 자체를 작품으로 바꾸기로 콘셉트를 잡고 이 프로젝트를 진행하기로 했다. 아티스트는 물론이고 많은 시민들이 창작자로 참여해 멋진 기둥을 만들기로 한 것이다. 여러 기둥 중 한 개는 내가 시민들과 함께 제작하였다.

"여기 보이는 기둥들에 미술의 옷을 입히는 프로젝트입니다."

나는 프로젝트에 참여하기 위해 모인 시민들 앞에서 이렇게 말하며 사람들에게 저마다 동그란 상자를 나누어 주고 작품을 구상해 보자고 했다. 그들이 각자 완성한 원형 상자 작품을 기둥들에 부착해 공공의 다양성과 일체감을 보여 주자는 의도였다.

아이들은 호기심 가득한 눈빛으로 설레어했다. 하지만 어른들 대다수는 그림에 소질이 없다며 퍽 소극적이었다. 그래서 우선 동그라미만 8개 그려 놓은 A4 용지부터 사람들에게 나누어 주었다. 각자 동그라미를 보며 연상되는 다양한 이미지들을 떠올려 보도록 한 것이다. 샘플로 시계, 스마일 마크, 사과, 자동차 바퀴, 동전, 도너츠 등이 있다고 귀띔해 주면서 만만하게 그림 그리기를 유도했다. 막상 던킨 도너츠만 떠올려도 동그라미 8개를 채우기란 얼마나 쉬운가. 놀랍게도 그림에 자신 없다고 했던 사람들까지 금세 동그라미를 채우기 시작했다. 심지어 하나라도 더 생각해 내려는 악착 같은 태도까지 보였다. 동그라미 채우기는 어떤 목표를 달성해야 하는 것도, 점수를 매기는 것도 아니어서 숨어 있던 상상력과 감각을 깨우는 즐거움을 주었던 것 같다.

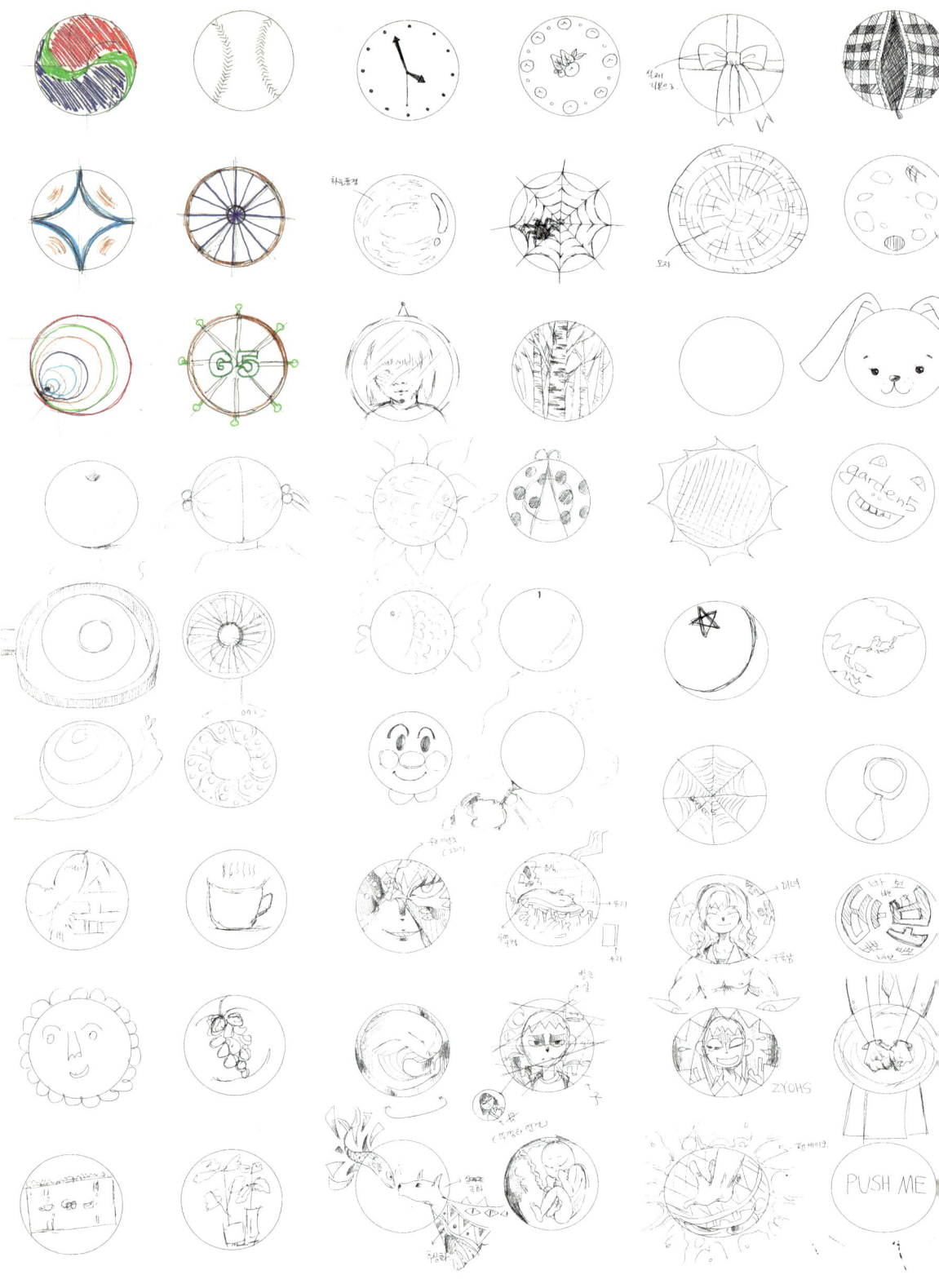

사람들이 기억해 내는 동그라미들은 무척 많았다. 공, 도너츠, 눈사람, 동전, 바퀴, 얼굴, 과일 등 알고 보면 동그라미 모양이 세상에 얼마나 많은가. 한번 동그라미에 꽂히면 사람들은 금세 사방의 동그라미에 관심을 가지고 발견하는 자세가 된다. 동그라미를 찾아 그리는 놀이를 시작으로 이 프로젝트는 술술 잘 진행되었다.

아이와 동그라미, 삼각형, 사각형 찾기 놀이를 해 보자. 삼각형은 나비, 리본, 피라미드, 트리, 화살표, 산…… 사각형은 책, 텔레비전, 버튼, 지우개, 수많은 상표, 박스…… 단순한 이 놀이는 대단히 재미난 세상 관찰하기의 한 방법이 될 수 있다. 한 가지 기본 형태로 다양한 연상 작용을 해 보는 놀이는 두뇌를 자극하는 데 아주 좋다. 평소와 다른 새로운 눈으로 무언가를 발견할 수 있기 때문이다. 아이가 동그라미 10개를 다양하게 채워올 때마다 소원 하나씩 들어주기 게임을 해보면 어떨까? 창의력 개발과 동시에 성취감과 자신감도 키워줄 수 있다. 게임이 끝나도 아이는 여행길에서, 시장에서, 집에서 끝없이 동그라미를 언급할지도 모른다.

독일 함부르크 미술관 내 어린이 미술 프로그램 교실 풍경

하트와 꽃으로 초간단 그림 놀이

동그라미뿐만 아니라 하트, 꽃 모양도 시도해 보자. 처음에는 단순한 모양에서 다양한 색칠을 유도하다가 점점 여러 가지 재미난 모양으로 다양한 색칠을 하게 하자.

하트 색칠하기

1. 엄마가 하트 문양을 대신 그려 주어도 좋다.
2. 아이가 하트에 물감을 칠하게 한다.
3. 처음엔 한 가지 색으로만 칠하게 한다.
4. 시간이 지나면 좀 더 다양한 색으로 칠하게 유도한다.
5. 그 다음엔 하트를 여러 가지 모양으로 그려 보게 하고 색도 다양하게 쓰게 한다.

꽃 패턴 그리기

패턴화된 꽃을 주입하는 것은 별로 좋지 않다. 하지만 여러 가지 패턴의 꽃을 그리게 하는 것은 다양성과 창의력 계발에 도움을 준다. 최대한 다양한 꽃을 그려 보게 하자. 세상에 존재하지 않는 기상천외한 꽃도 상관없다. 엄마와 딸이 꽃이라 이름 붙이면 꽃이 되는 것 아닐까? 상상하고 표현할수록 더 재미난 꽃들이 나올 수 있고 엄마와 이야기꽃을 피우며 놀기에도 좋다.

간식 그리기

늘 엄마가 아이에게 간식을 챙겨 주었다면, 가끔은 아이가 엄마를 위해 간식을 준비하게 하자. 엄마에게 줄 맛있는 간식을 그려 보게 하자. 아이들이 좋아하는 아이스크림, 피자, 케이크 등은 쉽고 즐겁게 그릴 수 있는 소재이다. 게다가 다양한 표현과 발상으로 그린 다음 놀이 활동으로도 발전시킬 수 있다.

베이비라빈스 31 그리기

엄마가 스케치북에 아이스크림 콘의 콘 부분만 여러 개 그려 준다. 아이에게 자신이 좋아하는 아이스크림들로 채워 보도록 한다. 아이는 맛을 떠올리며 다양하게 색을 고르며 칠한다. 아이스크림이 완성되면 아이스크림 위에 장식도 해 보자. 스티커나 잡지에서 좋아하는 이미지들을 미리 잘라 놓으면 아이가 꾸밈 요소로 마음껏 사용할 수 있다.

케이크 그려서 초 불기

우리 딸은 케이크를 무척 좋아한다. 케이크가 있으면 반드시 초에 불을 켠 다음 후~ 불어서 끄고 싶어 한다. 케이크 빵만 스케치북에 그려 주자. 그 옆에

장식거리들을 놓아둔다. 아이가 원하는 대로 찢고 붙이고 칠해서 예쁜 케이크를 완성하게 한다. 케이크를 완성하는 동안 엄마는 초를 그려 둔다. 케이크가 완성되면 엄마는 초를 테이프 등으로 붙여 주면 된다. 아이는 노래 부르고 촛불을 끄며 즐거워할 것이다. 초는 다시 떼었다 붙이면서 몇 번이고 다시 사용할 수 있다.

피자 그려서 손님 초대하기 놀이

피자 빵만 스케치북에 그려 주고, 꾸미는 데 필요한 나뭇잎, 색종이 같은 다

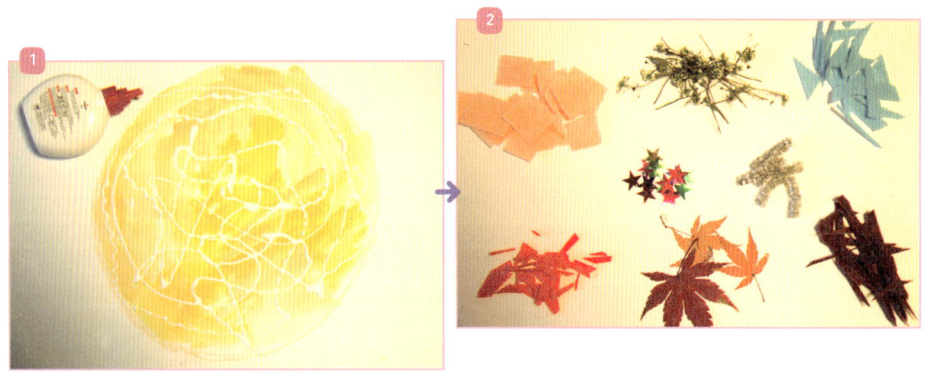

양한 재료는 미리 준비해 둔다. 아이가 장식해서 완성한 피자는 가위로 진짜 피자 조각처럼 가위로 조각낸다. 미리 컵과 포크, 나이프 등으로 테이블을 세팅해 둔 다음, 소꿉장난을 할 수 있게 활동을 이어 준다. 아이 친구들이 놀러 왔을 때 하면 더욱 재미있는 놀이이다.

아이와 함께 소품 재활용하기

아이가 중간에 유치원을 옮겼다. 새로 옮긴 유치원은 가방을 자유롭게 선택할 수 있단다. 이전 유치원에서 쓰던 배낭이 아직 새것 같은데 다행이다. 난 쓰던 유치원 가방을 재활용하기로 마음먹고 천에 그림을 그릴 수 있는 물감을 화방에서 샀다. 이전 염색 물감은 칠한 후 색이 정착하도록 다림질해야 했는데, 요즘 나온 것은 그럴 필요가 없다. 그 물감으로 가방에 색을 칠했다. 그리고 아이가 좋아하는 딸기와 하트 모양으로 부직포 천을 잘라서, 예전 유치원의 로고 자리에다는 큰 딸기를 바느질해서 붙이고 하트 스티커들은 사방에 자유롭게 붙였다. 아이는 그 위에다 자신이 좋아하는 스티커들을 마음대로 덧붙였다. 새 가방보다 훨씬 멋진, 세상에서 하나뿐인 아이만의 가방이 탄생했다. 아이도 자신이 만든 가방이라며 마음에 쏙 들어 한다.

얼마 전에는 아이의 운동화를 하얀색으로 샀다. 아이만의 운동화로 변신시키기 위해서! 아이는 흰 운동화에다 이런저런 예쁜 색을 칠하고, 나름대로 꾸미고는 자기 이름도 썼다. 아이가 그 신발을 신고 나가면 사람들은 아이 그림이라며 반가워하고 칭찬을 듬뿍 쏟아낸다.

셔츠, 가방, 우산, 컵 등 일상 소품을 아이와 함께 꾸며보자. 아이가 엄마와 자신의 소품을 직접 만들면 그 소품에 대한 애착심도 남달라진다. 게다가 이를 본 어른은 동심을 선물 받는 기분이다.

영 · 유아가 할 수 있는 일상 미술 놀이

아기들이 태어나 처음 보는 책이 초점 모빌 책이다. 아이는 초점 놀이 교육으로 세상을 보고 배워 갈 준비를 한다. 시간이 조금 더 지나면 손가락 운동을 하게 된다. 섬세한 손놀림 활동은 뇌 발달에 좋다. 미술 놀이는 눈과 시각을 함께 쓰기에 영 · 유아들에게 좋은 영향을 미친다. 아이가 쥐고 풀고 힘 주기가 자연스럽지 않은 시기에도 나는 아이에게 미술 놀이를 하게 했다.

엄마표 미술 놀이 재료

- 색연필, 기초 색 물감 (노랑, 빨강, 파랑, 흰색 등)
- 붓, 젓가락
- 스케치북
- 자석 스케치북, 워터 페인팅 세트
- 잡지, 신문, 색종이, 한지, 스티커, 시트지
- 가위, 풀
- 털실, 천 조각 등 생활에서 쓰다 남은 재활용품
- 나뭇잎, 나뭇가지, 조개, 돌, 솔방울, 솜 등 자연에서 구할 수 있는 재료들

물 그림 놀이

펜에 물만 넣으면 할 수 있는 물 그림 놀이 세트를 인터넷 쇼핑몰에서 판다. 일명 워터 페인팅. 화폭인 특수천이 세트로 들어가 있는데, 물이 닿으면 색이 나오고 물이 마르면 다시 하얗게 돌아간다. 천은 얼마든지 재활용이 가능하다. 침을 흘리면 흘리는 대로 떨어진 침이 그림이 될 수 있고, 펜을 입에 넣어도 물이니까 안전하다.

한지 놀이

한지의 부드러움과 유연성은 영 · 유아에게 알맞은 재질이다. 아이가 한지랑 놀면 촉감 · 시각 체험 교육이 한 번에 가능하다. 한지 역시 물만 묻혀도 금세 젖은 부위가 그림이 될 수 있고, 물이 마르면 원상 복귀되어 재활용할 수 있다. 무엇보다 한지는 아이가 뜯기 놀이를 하다가 그것들을 다시 뭉쳐서 놀기에도 좋다.

낙서 놀이

 자석 스케치북은 자동차와 집에 각각 굴러다니게 해 두면 좋다. 아이는 시간만 나면 펜을 손에 쥐고 습관적으로 낙서를 한다. 낙서를 하는 아이와 대화를 나눠보자. 얼마 전에 아이패드를 구입해서 드로잉 관련 프로그램을 깔아주었더니 아이는 낙서를 하며 다양한 색을 칠하고 스티커도 붙이면서 논다.
우리 아이는 자석 스케치북만이 아니라 사방에 낙서 환경을 만들어주었다. 낙서는 자연스럽게 손놀림을 유도할 수 있으며, 그 자체로 자유로운 창작 놀이이자 정서 표출의 기회가 된다.

손 활동 놀이

아이가 말을 할 줄 알아야 대화를 통해서 사물을 더 깊이있게 관찰하게 할 수 있다. 영·유아기는 미술로 관찰하는 능력을 키우기는 힘들다. 그래서 영·유아기 미술 놀이는 주로 손 활동 놀이이다.
손 씻기, 양치질하기, 옷 개기, 단추 끼우기, 지퍼 끼우기, 신발 신기(끈과 지퍼, 찍찍이 등의 사용), 물 따르기, 수저로 옮겨 담기, 빨래집게 사용하기, 집게로 낙엽 줍기, 뚜껑 열고 닫기, 연필 깎기로 연필 깎기, 뽁뽁이 포장지 눌러서 터뜨리기 같은 일상의 손놀림은 두뇌 발달에 도움이 된다.

엄마랑 같이하는 손 활동 놀이

손가락에 그림 그려서 인형 놀이 하기 / 실타래 풀고 다시 감기 / 끈 묶기와 풀기 / 가위질과 풀칠 / 종이 뜯고 찢기 / 스티커 붙이기 / 자 대고 긋기 / 머리 빗고 묶기 / 삔 꽂기와 장식하기 / 상 차리기 / 리본 만들기 / 털실 꼬기와 땋기

물감 놀이

영·유아기는 다양하고 예쁜 색에 열광하는 시기다. 마음껏 예쁜 물감들을 화폭에 칠해 보는 것만으로 감성 계발이 된다. 다만 아이들은 아직 많은 색의 물감이 필요하지 않고, 스스로 양을 조절해 색을 칠할 수도 없다. 그래서 나는 화방에서 기초 색인 노랑, 빨강, 파랑, 흰색만 사서 아이와 색 체험을 함께 했다. 이 물감에서 저 물감으로 붓이 넘나들면서 초록, 보라, 핑크, 하늘색, 밤색, 검정색 등이 만들어지고 변화되는 과정을 아이가 보고 느끼면 된다.

모래 놀이

모래는 안전하고 편안하고 부드러운 재료이다. 집 근처 놀이터에 모래가 있다면 주변의 돌과 나뭇가지로 소꿉놀이를 하는 것이 질감 공부가 된다. 잎사귀, 열매, 모래, 꽃잎, 나뭇가지를 바위나 돌 등에 종이를 대고 연필로 칠하는 프로타주(148쪽)를 함께 해 보아도 좋다.

미술 체험 축제를 아시나요?

가을 가든파이브에서 열린 '상상미술축제'의 아트디렉터를 맡은 적이 있다. 전국 곳곳에서 문화 예술 축제가 많이 열리고 있지만 미술 체험만을 소재로 한 축제는 아마 처음이었을 것이다. 보통 공연이나 음악 축제에 가 보면 미술 프로그램은 한쪽에서 구색 맞추기로 있는 경우가 많다. 그런데 이 축제는 미술 체험 프로그램 위주로 구성된 데다가 모든 것이 무료였다. 나는 아이를 둔 친구들에게 서둘러 이 소식을 전했다. 이런저런 미술 체험 프로그램에 참여해 보았고 거기에 드는 비용이 만만치 않다는 것을 잘 아는 엄마들은 환호했다.

축제는 이곳저곳 체험장을 돌아다니며 여러 가지 미술 체험을 맛볼 수 있게 뷔페식으로 기획했다. 각각의 체험장들도 설치미술처럼 꾸미기로 했다. 한 체험장은 시민들이 벽돌에다 그림을 그려서[1], 실제 미장을 하는 장인이 그 벽돌을 받아서 쌓아 올려 집을 지어 올렸다. 그야말로 그림 같은 집[2]. 또, 외벽을 피아노 건반 형상으로 만든 악기 만들기 존도 인기가 좋았다[3]. 중앙 광장에 지어 올린 여러 채의 체험장은 하나의 마을처럼 보였다. 그 가운데 한젬마의 그림 요리 체험장을 운영했다[4, 5]. 그리고 광장의 외곽 쪽에는 그래피티 아티스트들이 축제 기간 동안 그림을 그리는 퍼포먼스를 선보였다[6]. 그림이 완성되니 그곳은 멋진 아트 포토존이 되었다.

미술 체험 축제는 다른 예술 축제에 비해서 장점이 많았다. 엄마들은 아이들이 체험장에 들어간 사이 벤치에 앉아서 기다릴 수 있고, 체험장도 공연처럼 시간이 정해진 것이 아니라서 운영 시간 안에만 가면 언제든 미술 체험을 할 수 있었다. 뿐만 아니라 특정 프로그램에 참여하지 않더라도 설치미술 같은 건물들을 오가며 사진을 찍으면서 놀거나 산책하기에도 좋았다. 앞으로 엄마들과 아이들이 부담 없이 즐길 수 있는 다양한 미술 축제들이 많이 기획되고 생겨났으면 좋겠다.

세계 거리에서 만난 일상 아트뷰

자전거가 움직이는 테이블이 되었네요!

꽃 한 송이 달았을 뿐인데!

집에 처치 곤란인 자전거가 있다면 멋진 인테리어 소품으로 활용해 보세요. 자전거에 꽃과 선물 상자만 올렸을 뿐인데 왠지 좋은 소식이 올 것 같지 않나요?

한참을 보니 변기 커버!
변기 커버가 벽 위로 올라가니 예술이 되었군요!

의자 위에 인형이 놓인 것이 아니라 인형으로 만든 의자예요.
이곳에서 잠들면 동화 나라 꿈을 꾸지 않을까요?

눈길 끄는 방법도 가지가지! 베를린 거리에서 발견한 재미난 가게예요. 인테리어 비용도 안 들이고 시선 끌기 대성공이네요!

엄청난 펜들로 만들어진 조형물이에요. 역시 펜은 강하고 아름답지요?

올 가을에는 나도 나뭇가지를 주워다가 이젤 하나 만들어야지!

동식물 캐릭터가 뛰어노는 사물함이에요. 이곳에는 무언가 재미있는 소품들을 보관해 놓고 싶어져요.

어린이 병원 입구에 설치된, 보기에도 멋지고 아이들이 들어가서 놀 수도 있는 일석이조 놀이 기구!

우리나라 묘지는 너무 똑같은 모양이 아닌가요?
우리에겐 전문 묘지 디자이너도 필요할 것 같아요.

비행기의 대변신! 이런 비행기가 하늘을 난다면 마치 작품 한 폭이 날아가는 것 같겠지요?

와우! 수만 개의 풍선으로 도시 위를 훨훨 날아다니려나 봐요!

선 몇 개 그었을 뿐인데 현실이 상상의 공간으로 변한 것 같아요.

이쯤 하면 3D 가림막이라고 불러도 되겠지요?

인어 공주가 실내 수족관에 있다니!

건물들의 반란이네요! 여러 각도로 건물을 모으니 문이 되었어요.

02
삶을 **풍요롭게** 하는
자연 미술 놀이

　봄에 연둣빛 가지, 여름 바닷가의 모래와 조개껍데기, 가을에 색색의 낙엽과 솔방울, 겨울에 반짝이는 눈송이들…… 자연은 사계절 내내 우리의 감성을 깨운다. 자연에서 아이들은 돌의 단단함과 나무의 거친 질감, 나뭇잎과 꽃잎의 촉촉함, 열매의 매끈함, 거미줄의 불안함과 연약함을 만지며 생명을 느끼고 아름다움을 발견해 간다. 자연은 가장 좋은 미술 도구이다. 자연을 산책하고, 꽃을 가꾸며, 나무를 만지고 느끼는 것도 미술 활동이며 창의력을 계발하는 데 좋은 밑거름이 된다.

　로버트 오웬, 프뢰벨, 몬테소리, 슈나이더를 비롯한 동서양의 학자들은 유아들이 자연 속에서 자라나길 바랐으며, 자연이 주는 여러 가지 혜택은 유아들에게는 가장 큰 선물이라고 하였다.

〈자연 체험 활동을 통한 미술 활동이 유아의 창의성 및 미술 표현력에 미치는 영향〉 이은주

모래 놀이

독일 아이들은 어려서부터 삽질(?)에 익숙하다. 채 세 살도 안된 내 딸은 연두색 페인트에 딸기 문양이 있는 삽을 선물 받았다. 독일에는 어디에나 모래터가 마련되어 있기 때문이다.(모래가 아닌 향기 나는 나무 톱밥을 깔아 둔 곳도 있다.) 독일 아이들은 어디를 가든지 모래 놀이를 할 수 있는 작은 플라스틱 양동이와 모래 삽을 챙기고 다닌다. 나 또한 독일에 있을 때는 유모차와 자동차에 늘 모래 놀이 세트를 챙겨서 다녔다. 그러다 놀이터나 모래터를 만나면 아이에게 그 세트를 내주었다. 아이가 이를 가지고 하염없이 놀아 주기 때문에 엄마들로서는 정말 고마운 장난감이 아닐 수 없다. 모래 놀이 도구는 장난감 가게에서 매우 저렴하고 다양하게 판매하고 있다. 아이들끼리 모래터에서 놀다가 도구가

섞이거나 잃어버리기 일쑤여서 자주 사야 하는 일순위 품목이기도 하다.

아이들은 모래를 쌓고 파면서 자신만의 세계를 창조한다. 독일에 널려 있는 모래터는 아이와 엄마를 포근하고 자유롭게 해 주는 창작 공간이다. 우리나라에는 모래 놀이를 마음 놓고 할 수 있는 곳이 바닷가 모래톱 정도일 것 같다. 도시에서 만날 수 있는 흔한 장소가 아니라 아쉽지만, 아이들이 모래를 실컷 만지며 창의력을 발산할 수 있도록 모래사장 여행을 계획해 보는 것은 어떨까?

부산으로 여행을 갔을 때 내 딸은 '베리'라는 곰 인형을 데리고 갔다. 바닷가 모래톱에서 딸은 베리를 위한 집을 지어 주고 조개껍데기를 주어다 집도 장식하는 등 어떤 신기하고 비싼 장난감을 가졌을 때보다도 더 창의적으로 놀았다. 바닷가에 놀러 갔을 때 아이가 모래 놀이를 마음껏 할 수 있도록 시간을 주

자. 아이가 모래로 어떤 설치 작품을 만들고, 어떤 재미난 이야기를 꾸미며 노는지 지켜 보며 대화를 나눌 수 있다.

식물 놀이

친환경 생태 문화에 관심이 지대한 독일에서는 어릴 때부터 아이들에게 식물을 재배하게 한다. 내 딸이 독일에서 다녔던 유치원에서도 때마다 계란 판이나 종이컵에다 씨앗 심기를 했다. 유치원에 있는 마당과 놀이터 한쪽에는 아이들이 심은 씨앗들이 놓여 있다. 아이들은 거기에서 자신이 심은 씨앗이 어떻게 자라나는지 발견하고 관찰한다.

독일의 장난감 가게에 가면 씨앗 심기용 세트를 파는 코너가 있다. 세트에는 계란 판처럼 생긴 통과 거름 흙, 다양한 종류의 씨앗과 온도계와 물뿌리개 등이 들어 있다. 장난감 세트인데도 호박, 오이, 감자, 당근, 옥수수 등 실제 채소들의 씨앗들이 들어 있어서 매우 인상적이었다. 그리고 식물 재배를 활용한 재미난 어린이책도 본 적이 있다. 어린이들이 씨앗을 심고, 재배하고, 직접 거둔 채소들을 가지고 할 수 있는 요리법까지 소개하는 내용이었다. 자연교육, 인성교육, 미술교육, 요리 이 모든 것을 담고 있으니 그야말로 통합교육이자 놀이의 백미라고 할 수 있다. 집에서 오이며 감자를 재배하기 어려운 우리나라 현실에서는 꿈 같은 내용처

럼 보일 수도 있지만, 씨앗 심기 정도는 가능하지 않을까? 아파트 베란다에서 화분에 키울 수 있는 채소는 제법 있다. 내가 길러 보니 토마토, 딸기, 파, 상추는 씨앗을 심고 물만 잘 주면 쑥쑥 자란다. 직접 채소를 길렀다면 아이와 샐러드 만들기를 해 보자. 일단 아이가 손으로 뜯을 수 있는 채소와 엄마가 칼로 잘라야 하는 채소를 나눈 다음, 아이는 엄마가 채소를 써는 동안 다른 종류의 채소를 갈기갈기 뜯어 놓게 한다. 이 둘을 서로 합한 다음, 아이에게 조물조물 섞게 하고 시판용 소스를 뿌리기만 하면 초간단 홈메이드 샐러드가 완성된다.

흙 놀이

언젠가 흙을 가지고 그림 놀이를 하는 '이영란의 흙 놀이- 오물조물 딱딱' 체험 수업에 참관한 적이

'이영란의 흙 놀이 – 오물조물 딱딱' 체험장 풍경.

있다. 벼루에 흙 덩어리를 먹 삼아 물로 갈면 흙물이 나온다. 그 흙물로 그림을 그리면서 찰흙 마당에서 한바탕 흙 놀이를 즐겼다. 지천에 깔려야 할 흙을 어찌하여 체험장에 와서야만 만날 수 있는 것인지, 가슴이 찡하기도 했다. 우리 주변에 흙을 만질 수 있는 곳이 늘어났으면 좋겠다. 요즘 아이들은 흙을 밟은 적도 별로 없으니 흙을 만지고 노는 즐거움을 어떻게 알까? 그래도 엄마들이 그 방법만큼은 가르쳐 줄 수 있을 테니, 부디 동네마다 흙 놀이 공간이 생기기를 기대할 뿐이다.

낙엽 놀이

내게는 가끔 꽃병에서 시든 꽃잎과 가을에 주운 낙엽을 가끔씩 끼워 놓는 헌 잡지 한 권이 있다. 이제는 그 잡지 갈피마다 꽃잎과 잎사귀들이 끼워져 제법 뚱뚱하다. 마른 꽃잎과 잎사귀도 아이에게 소중한 미술 재료이다. 내 딸에게 그 잡지에서 마른 잎사귀를 꺼내 주니 이내 코에 대고 향을 맡는다. 아이는 마른 잎사귀의 향기도 맡을 줄 아는 경이로운 존재일까? 주워서 말린 낙엽으로 아이와 얼굴 그리기를 해 보자. 낙엽 한 웅큼으로 수십 가지의 얼굴을 만들 수 있다.

산책 놀이

산책은 자연을 관찰하고 감동하며 호기심을 느끼고 또 풀어 가는 행위이다. 산책을 잘 활용한 대표적인 인물이 다빈치일 것이다. 그는 산책 길에 관찰한 자연물을 세세하게 기록으로 남기기를 좋아했다. 우리가 흔히 알고 있는 다빈치의 드로잉 북은 사실은 관찰 기록 노트였다. 놀랍게도 그의 드로잉들은 수많은 분야에서 수백 년 후까지 발명의 기본 자료가 되었다. 이를 보면 산책의 중요성을 다시 한 번 생각하게 된다. 수많은 것들에 시선과 관심을 빼앗기는 도시 아이들은 원초적이며 근본적인 자연을 보며 생각할 시간이 필요하다. 나무도 꽃도 수많은 동물도 이미 알고 있다고 생각하지만 정말 그럴까? 제대로 관찰하기 전에 미디어가 먼저 생각을 고스란히 주입하고 있지는 않는지. 상상력은 관찰이 바탕이 되어야 비로소 날개를 달 수 있는데 말이다. 그런 의미에서 산책은 상상력을 기르는 매우 중요한 프로그램이 될 수 있다. 자연을 보기 힘든 도시에서는 식물원과 동물원을 적극적으로 활용해 보자. 산책하며 자연을 관찰하고 그림을 그려 보게 하고, 관련된 명화도 읽어 보자. 그림이란 원래 자연과 연관돼 있게 마련이어서 그날의 산책한 경험을 바탕으로 명화를 새롭게 읽을 수도 있다. 이것이야말로 통합 예술교육이 아닐까?

공원 놀이

독일에 있을 때 우리 집은 100미터 거리에 식물원, 50미터 거리에 공원이 있었다. 프랑크푸르트는 2차 세계대전으로 폐허가 되었던 곳이고 신도시인데 그곳의 나무들은 어찌나 크던지. 더욱이 그곳은 우리나라처럼 고층 건물을 짓

소풍 | 제임스 티소 | 76.2×99.4 | 런던 테이트 갤러리 | 1876

지 않아 높아 봐야 6층, 보통은 4~5층 높이의 아파트들이 대부분이다. 그래서 왠만한 건물들보다 가로수들의 키가 크다. 거기에다 곳곳에 공원들까지 넘치니 온 도시가 그야말로 녹색이다.

녹색 환경을 즐기는 독일 사람들은 공원을 매우 잘 활용한다. 공원에서 걷고, 데이트하고, 저녁에 운동도 한다. 주말이면 공원에서 가족 나들이나 소규모 파티들이 넘친다. 나는 그곳에 가서야 우리나라에서는 장식물처럼 보이는 피크닉 가방의 존재 이유를 알 수 있었다. 그들에게 피크닉은 일상이다. 그들은 파티를 너무나 좋아한다. 파티에서 사람들끼리 소통하기를 즐긴다. 우리는 모임 준비가 부담스러워 모임 한 번 하려면 각오부터 단단히 해야 하는데 말이다. 그들의 파티는 소박하고 일상적이었다. 바게트 빵 하나에 와인 한 병으로 충분히 파티가 되는 그들. 그래서인지 그들은 늘 파티를 맞이할 준비가 돼 있어 보였다. 어른들의 파티에 덩달아 온 아이들은 또래끼리 묶어 주는 것만으로 충분하다. 아이들은 스스로 놀이를 만들어내는 위력자들이므로! 아이들에겐 피크닉 자체가 놀이이고, 수업이 된다.

한 번은 독일의 한 공원에서 아이들이 종이와 색연필을 들고 다니는 모습을 본 적이 있다. 나는 '사생화를 그리나 보다.' 했다. 그런데 가까이 다가가 보니 그들은 그림을 그리는 것이 아니었다. 모두 두껍지 않은 종이를 들고 이곳저곳을 다니며 무언가를 찾고 있었다. 나뭇등걸, 바위, 모래, 벤치, 놀이 기구의 밧줄 등 아이들은 초롱초롱한 눈망울로 자연물의 다양한 질감들을 찾아내 종이 위에 그 사물을 대고 칠하면서 질감을 체험하고 있었다. 우리가 어릴 때 해 봤던 동전 깔고 종이를 문지르는 프로타주 기법이었다. 프로타주라는 이름은 사실 중요하지 않다. 공원에서 즐길 수 있는 자연 미술 놀이 프로그램을 또 하나 발

견한 셈이다. 어렵게 생각할 것이 없다. 작은 공원에서도 우리는 쉽고 자연스럽게 자연 미술 수업을 할 수 있는 것이다!

　내가 참여한 전시 중에 매우 인상 깊은 '섬'이라는 제목의 전시가 있었다. 한마디로 자연 미술제라고나 할까, 외부의 어떠한 도구도 일체 가져오지 말고 자연만을 도구로 작업해야 하는 전시였다. 그 주제가 마음에 들어서 전시에 흔쾌히 참여했다. 장소는 나대지(건축물이나 구축물이 없는 대지). 한겨울 그곳엔 마른 나뭇가지, 흙, 돌, 밤 껍질, 간간이 눈에 띄는 마른 도토리, 낙엽 한가득 정도가 창작 재료의 전부였다. 나는 주변에 널려 있는 마른 나뭇가지들을 모았고, 그것들을 서로 엮어서 다시 한 그루의 나무로 만들었다. 죽은 가지들을 합해 새로운 생명으로 태어나게 한 것이다. 제한된 환경이 창의력을 계발하는 원동력이 된다는 사실을 입증하는 그 전시에 선보인 작품을 한번 구경해 보시라!

1 마른 잎사귀들을 비닐에 담아 봉을 만들어 세운 재미난 작품.
2 웅덩이를 파고 나뭇가지로 덮은 작품. 위험할까? 포근할까?
3 낙엽을 치워서 마치 나무의 그림자처럼 표현한 작품.
4 마찬가지로 낙엽이 있는 자리를 과감히 여백으로 비운 작품.
5 이 자리에 종이를 대고 찍어 내면 섬이 찍힐 것 같은 작품.
6 한겨울에 어디선가 푸른 이끼를 구해 온 작가의 작품.

◀ 2004년 '섬' 전시에 한젬마의 설치 작품 'To be one(하나 되기)'

가 볼 만한 동물원과 식물원

동물원

베어트리파크 | 세종시 전동면 신송로 217 | 044-866-7766 | beartreepark.com
서울대공원 | 경기도 과천시 대공원광장로 102 | 02-500-7335 | grandpark.seoul.go.kr
어린이대공원 동물원 | 서울시 광진구 능동로 216 | 02-450-9311 | www.sisul.or.kr
오월드 주랜드 | 대전광역시 중구 사정공원로 70 | 042-580-4820 | www.oworld.kr
우치공원 동물원 | 광주광역시 북구 우치로 677 | 062-613-5860 | uchipark.gwangju.go.kr
에버랜드 주토피아 | 경기도 용인시 처인구 포곡읍 에버랜드로 199 | 031-320-5000 | www.everland.com
함평자연생태공원에코파크 동물원 | 전라남도 함평군 대동면 학동로 1398-77 | 061-323-5307
일산 동물의 왕국 | 경기도 고양시 일산서구 장수길 29 | 031-918-5656 | www.일산동물의왕국.com
청주랜드 동물원 | 충청북도 청주시 상당구 명암로 224 | 043-201-4880 | www.land.cheongju.go.kr
타조 사파리 | 경기도 화성시 장안면 고해길 175-47 | 031-351-8528
쥬라리움 일산점 | 경기도 고양지 덕양구 원당로458번길 7-42 | 031-962-4500 | zoorarium.com

식물원

가야산 야생화 식물원 | 경상북도 성주군 수륜면 가야산식물원길 49 | 054-931-1264 | www.sj.go.kr/gayasan/
방림원 식물원 | 제주시 한경면 용금로 864 | 064-773-0090 | banglimwon.com
서울대공원 식물원 | 경기도 과천시 대공원광장로 102 | 02-500-7338 | grandpark.seoul.go.kr
세미원 | 경기도 양평군 양서면 양수로 93 | 031-775-1835 | www.semiwon.or.kr
아산 세계 꽃 식물원 | 충청남도 아산시 도고면 봉농리 576 | 041-544-0746 | liaf.kr
여미지 식물원 | 제주도 서귀포시 중문관광로 93 | 064-735-1100 | www.yeomiji.or.kr
한국자생식물원 | 강원도 평창군 대관령면 비안길 159-4 | 033-332-7069 | www.kbotanic.co.kr
한택식물원 | 경기도 용인시 처인구 백암면 한택로 2 | 031-333-3558 | www.hantaek.co.kr

숲 체험 프로그램 운영하는 곳

서울시 각 구청 | parks.seoul.go.kr
숲 연구소 | 서울시 영등포구 국회대로62길 9 산림비전센터 11층 | 02-722-4527 | www.ecoedu.net
애벌레생태학교 | 경기도 양평군 양서면 두물머리길 108-22 | 031-771-0551 | www.younhees.com
파주자연학교 | 경기도 파주시 조리읍 비득바위길 25-89 | 031-855-0105 | www.nolgo.co.kr
홀로세생태학교 | 강원도 횡성군 갑천면 갑천로 690번길 156 | 033-345-2254 | www.holoce.net

아름답고 소박한
독일의 놀이 공간

독일의 자연 놀이터

놀이터는 원래 놀이 기구를 타며 놀이하는 공간이지만, 실은 아이들끼리 소통하면서 사회성을 키울 수 있는 공간이기도 하다. 요즘 우리나라는 창의적이고 새로운 놀이터를 개발하는 데 박차를 가하고 있어 기발한 놀이터들이 쏙쏙 등장하고 있다. 그런데 새로 잘 만들었다고 하는 우리나라 놀이터를 가서 보면 내가 본 독일의 놀이터들과 사뭇 다르다. 독일 것에 비해 지나치게 멋을 부린 조형물 같다고 할까.

독일의 놀이터는 너무나 단출하고 소박하다. 아이들이 함께 모여 노는 공간이라는 놀이터의 원래 목적에만 충실할 뿐이다. 독일 놀이터의 바닥은 모래나 톱밥이다. 그 흔한 그네가 없는 곳도 있고, 어떤 놀이터에는 그저 돌과 나무만 있다.

인상 깊었던 한 놀이터는 조형 작품 같은 커다란 나무 놀이 기구만 덩그러니 서 있었다. 그 놀이 기구는 형태가 정글짐과 비슷한데, 나무로 만든 데다가 설치 작품처럼 멋스럽지만 요란해 보이지 않았다. 여기에 수많은 어린이들이 매달려서 놀았다. 서로 노는 방법을 새로 짜내고 따라하는 그 풍경은 매우 소박하고 아름다웠다.

놀이터란 아이들 스스로 놀이할 수 있도록 제공하는 터다. 거기에 있는 놀이 기구는 아이들의 소통을 위한 중간 도구일 뿐이다. 그런데 우리나라 놀이터는 놀이 기구가 마치 주인 같은 곳이 많다. 독일의 소박한 자연 놀이터를 보면서 놀이터는 누구를 위한 것인지, 어떤 목적으로 만들어야 하는지 사색해 보았다.

소박하고 멋스러운 놀이 기구 하나만 있는 독일의 놀이터

이동식 놀이 마당

"젬마 씨, 오페라 광장 앞에 놀이 마당 오는 것 알아요? 지난달에는 강변 앞에 섰는데 이번에는 우리 집 근처로 온 거예요. 약 2주간 있을 거래요. 다음은 다른 곳으로 옮겨 가고요."

독일에서 알게 된 N씨는 한때 아리랑 텔레비전의 메인 앵커였는데 남편 직장 때문에 우리 딸과 동갑내기인 아들과 함께 프랑크푸르트로 왔다. 그곳에 산 지 3년이 넘어서인지, 그녀는 독일 문화에 대해 훤했다. 이동식 놀이 마당? 도대체 그것이 무엇일까? 싶었다. 나는 아이를 데리고 서둘러 그녀의 집 근처 놀이터로 가 보았다.

아! 이게 웬 풍경인가! 약 200미터에 달하는 길이로 모래나 물 그리고 튜브 같은 안전한 놀잇감들이 한판 펼쳐져 있었다. 한쪽 끝은 영·유아들을 위한, 다른 한쪽은 좀 큰 아이들을 위한 놀잇감이 있었는데, 모두 매우 간단하고 가벼운 재료여서 그날그날 철수하고 이동하기에 편해 보였다.

이 이동식 놀이 마당에 특별한 시설은 없었다. 다만 이로 인해서 온 동네 아이들과 엄마들을 한데 모을 수 있다는 아이디어가 빛났다. 아이들은 놀잇감 사이로 뛰어다니며 열심히 놀았다. 엄마들은 저마다 피크닉 가방에 혹은 유모차에 간식들을 가지고 와서 함께 먹으며 정보를 나누었다. 아이들 덕에 또래 엄마들끼리도 친구가 되는 분위기였다. 게다가 우리나라처럼 행사장 주변에 으레 따라붙는 노점상 하나 없다는 사실도 놀라웠다.

무엇보다 이동식 놀이 마당에서 가장 인상적인 곳은 널따란 텐트 안이었다. 텐트 안에는 아이들이 와글와글 많았다. 여러 테이블 위에 물감, 색종이, 풀, 가위가 놓여 있고 또래 아이들이 한데 모여서 그림을 그리고 있었다. 마치 미술 체험 교실 같았다. 엄마들이 텐트 안에 드나들기도 했지만 이곳의 주인공은 역시 아이들이었다. 아이들은 서로 보고 배우며 텐트 안을 창작 에너지로 가득 채우고 있었다.

도대체 이런 훌륭한 아이디어를 누가 냈을까? 알고 보니 이는 프랑크푸르트시에서 하는 '모험 놀이터와 축제'라는 이름의 정책 중 하나였다. 구역별로 옮겨 다니며 시민들에게 놀이 마당을 제공하기도 하고, 소박한 놀이 기구들을 활용해서 어린이 축제도 연다고 한다. 이 정책은 1985년부터 시민들의 기부금으로 운영되어, 프랑크푸르트 시민이라면 누구나 무료로 혜택을 누릴 수 있다고 한다.

우리도 아이들이 마음껏 뛰어놀 수 있고, 엄마들이 아이 키우는 재미와 보람을 편안하게 나눌 수 있는 공간이 있었으면 좋겠다. 엄마들을 진정으로 도와주는 문화 정책이 필요한 시점이다. 빈 공터를 놀이하고 소통하는 공간으로 변신시키는 일이라면 굳이 예산을 많이 들이지 않아도 가능하지 않을까 싶다.

03
삶을 **유쾌하게** 하는
멀티 미술 놀이

미술과 요리가 만난다면?

프랑스에서는 요리로 미술교육을 한다는 기사를 접한 적이 있다. 입뿐만 아니라 눈으로 즐기는 음식 문화를 주도해 가는 프랑스답다. 어릴 때부터 요리로 미술 수업을 받는 프랑스에서는 아이들의 요리 체험이 요리계 전체에도 영향을 미친다고 한다. 어릴 때부터 요리를 작품처럼 만들다 보면 국민들이 요리를 단순히 음식으로만 보지 않고 예술의 한 분야로 받아들이게 마련이다.

사실 미술과 요리는 재료 준비부터 작품 완성까지 실질적으로 그 과정이 매우 닮았다. 요리는 배를 채울 수 있으니까 미술보다는 실용적이기는 하지만 말이다.

나는 미술과 요리를 접목한 퍼포먼스를 해 오고 있다. 그 퍼포먼스는 개인적인 작품 활동이지만 어린이 교육 프로그램 개발로도 이어졌

기에 여기에 공개해 보려 한다.

퍼포먼스의 이름은 '그림 요리'이다. 이 퍼포먼스는 '포장마차'에서 이루어진다. 거리에서 부담 없이 만날 수 있는 포장마차를 예술 창작의 공간으로 끌어들인 것이다. 먼저 퍼포먼스의 준비를 위해서 요리 도구 일체를 준비한다. 도시락, 반찬 그릇 등에는 일상적인 소품과 미술 재료 들을 담고, 투명 케첩 통에는 색색의 물감을 담는다. 그리고 프라이팬, 체, 저울, 집게, 국자, 주전자, 컵 등 다양한 요리 도구도 준비해 놓는다. 그림 요리 메뉴판도 미리 마련해 둔다.

관람객이 메뉴를 보고 마음에 드는 그림 요리를 주문하면 그림 요리가 시작된다. 예술가인 나는 포장마차에서 주방장 옷을 입고 그림을 공개적으로 즉석에서 만든다. 작은 캔버스를 접시 삼아 요리 그릇에 담긴 그림 재료로 요리하듯 그림을 그리는 것이다. 지켜보는 관객들은 질문을 쏟아낸다.

"그거 먹을 수 있는 건가요?"

그림 만들기가 끝나면 관객에게 완성된 그림을 케이크 상자에 담아 선물해 준다. 관객들은 이런 일련의 과정을 지켜보며 환호한다.

일단 내 퍼포먼스를 보고 '나도 할 수 있겠다. 나도 그림 요리를 해 보고 싶다.'는 욕구를 불러일으킨다면 내 의도는 성공이다.

예술을 일상으로 끌어들이고 접목시키는 행위는 현대미술에서 이미 일반화되었다. 하지만 이 작업은 일상 옆의 예술이 아닌 일상과 예술을 완전히 결합시키려는 의도가 담겨 있다.

원래 이 퍼포먼스는 한 아트페어 오프닝 퍼포먼스로 의뢰를 받아 만든 것이었다. 그런데 생각보다 많은 사람들이 이 퍼포먼스를 좋아해서 이곳저곳의 오프닝 퍼포먼스로 불려 다니기 시작했다. 졸지에 지금은 포장마차를 세 대나 가지고 있다. 동시에 여러 곳의 퍼포먼스를 진행하면서 차량(?)이 증가한 것이다.

이 그림 요리 퍼포먼스로 어린이날 고양시 어울림누리 미술관 주최 어린이날 특별 프로그램을 진행한 적이 있고, 중국 도문에서 조선족 어린이들을 위해 봉사 활동도 했다. 단순히 내가 그림 요리를 보여 주는 퍼포먼스를 한 것이 아니라 어린이들이 직접 그림 요리를 해 보는 체험 교실을 만든 것이다. 미술관 실내에 대형 포장마차를 만들고, 어린이들이 요리 재료로 요리하듯 그림을 그리게 했다. 아이들은 매우 즐거워했다. 그림 그리기의 즐거움을 새롭게 일깨워준데다가 미술 도구와 그림 그리는 법에 대한 고정관념을 깨는 계기도 되었던 것 같다.

미술은 다양한 장르와 만나 새롭게 변신할 수 있다. 세상에 대단히 새로운 것은 없다. 아티스트의 입장에서도 새로움이란 기존의 것을 어떻게 접목시키고 변형시키느냐의 과정일 뿐이라고 말할 수 있다. 그림 요리처럼 미술을 생활에 접목한 재미난 여러 시도들이 일상에서 많이 이루어지면 좋겠다.

요리 재료로 작업한 아티스트들

요리 재료로 작업한 작품들은 많다. 일상적인 재료가 깊이감 있는 작품으로 변신한 예를 살펴보자.

국수로 만든 조성묵 조각가의 가구 풍경이다. 하얀 선으로 만들어 낸 이 풍경은 대단히 동양적이고 명상적이기까지 하다.
communication | 조성묵 | 500×500×300 | 2001 | 금산갤러리

쌀을 점점이 붙여 완성한 이동재 작가의 작품들

아이콘 | 이동재 | 캔버스 위에 아크릴과 쌀 | 11.67×91 | 2006

쌀 | 이동재 | 합성수지와 쌀 | 23×22.54 | 2003

숟가락으로 만든 임옥상 작가의 작품들

큰 꽃 | 임옥상 | 수저들 | 40×25×40 | 2001

매달린 물고기 | 임옥상 | 스푼, 포크, 나이프 | 230×50×100 | 2001

재료 구하기부터가 창작의 시작

젬마 톡톡

"뭘 찾아요?", "무엇을 도와줄까요?"……
재료를 사러 청계천 일대나 시장에 가면 가게 주인들이 이렇게 물어 본다. 참 난감한 질문이다. 재료나 도구는 원래 뚜렷한 용도를 가지고 있다. 그에 따라 유용하게 쓰인다. 하지만 창작을 직업으로 하는 예술가들은 상식적인 차원에서 재료나 도구들을 살피지 않는다. 못이 사람이 되고, 조명이 꽃이 되고, 숟가락이 물고기가 될 수 있기 때문이다. 그래서 창작자에게는 재료 구하기부터가 창작의 시작이라고 말할 수 있다.

마네킹 다리만 구하기

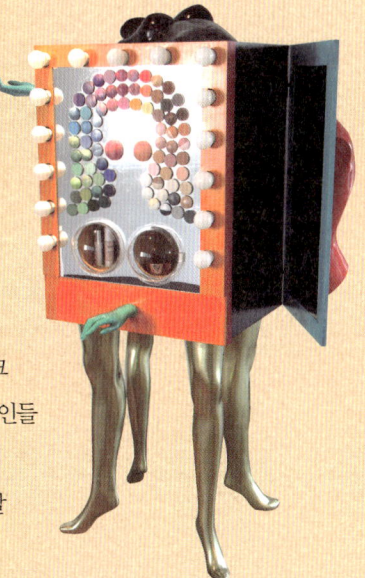

마술사들이 미녀들을 상자에 넣고 칼로 이곳저곳을 찔러 대며 마술을 부리는 장면에서 영감을 얻어서 구상한 작품이 있다. '뷰티 프렌드'라는 이름을 붙인 이 작품은 처음에 미녀 마네킹을 조각조각 잘라서 재조합하여 만들기로 했다. 다리 4개가 있어야 하니 마네킹이 2개가 필요했지만, 사실 다리를 제외한 다른 부위(?)는 크게 필요가 없었다. 그래서 마네킹을 사러 가서는 가게 주인들에게 이렇게 물었다.
"마네킹 하나는 살 텐데요. 혹시 다른 하나는 하반신만 살 수 없을까요?"

뷰티 프렌드 | 한젬마 | 혼합재료 | 95×165×80 | 2006 | 금산갤러리

"아니, 무엇에 쓸 건데요?"
"모두 조각조각 잘라서 다른 것을 만들 거예요."
"아니, 마네킹을 왜 잘라요?"
어떻게 설명하랴. 미술 재료를 구할 때 사려는 의도를 말로 하기 힘든 경우가 너무나 많다. 그래서 하는 수 없이 그림을 그려서 설명해 주었다. 그럴 경우 사람들의 반응은 딱 두 가지이다.
"어허! 재미있는 사람이네."
"이해 안 되는 작업인걸?"

냉장 기능 없는 냉장고 구하기

한번은 작품으로 만든 옷을 진열하기 위해 육류 보관용 냉장고를 사러 중부시장에 간 적이 있다. 중고 주방용품을 파는 가게에 들어가서는 이렇게 말했다.
"저기요. 육류 보관용 냉장고가 필요한데요. 고기 냉장·냉동은 안 할 거고요. 선반도 필요 없어요. 그 부분만 빼고 좀 싸게 주시면 안 될까요?"
"그것 없이 왜 이걸 사요?"
냉장 기능이 없는 냉장고를 사러 온 사람을 이해할 수 없다는 주인에게 사정해서 싸게 냉장고를 사왔다.
그런데 중고품 가격으로라도 내다 팔 수 있을 것이라고 은연 중에 기대를 했었나 보다. 내다 파는 건 고사하고 아예 철물로도 받아 주지 않아서 애를 먹었던 그 냉장고. 생각해 보라. 누가 냉장 기능이 없는 냉장고를 사 가겠는가! 후에 결국 고물상에서 통사정하며 받아 달라고 해서 겨우 처분할 수 있었다.

장흥아트파크 레지던스 오픈스튜디오 설치 작품 | 한찜마 | 2006

옷에 달 필요 없는 지퍼 사기

"캔버스 천하고 똑같은 질감으로 된 지퍼 있나요?"
"어디에다 쓸 건데요?"
상식을 벗어난 의도로 재료를 구하다 보니 의사소통에 실패하는 경우가 많다. 주인들은 내 의도를 듣고 나면 한결같이 "당신이 원하니 내주긴 하지만 난 책임 안 진다오." 하며 물건을 내준다. 이런 과정으로 만든 지퍼 캔버스와 지퍼 몬드리안 추상화.

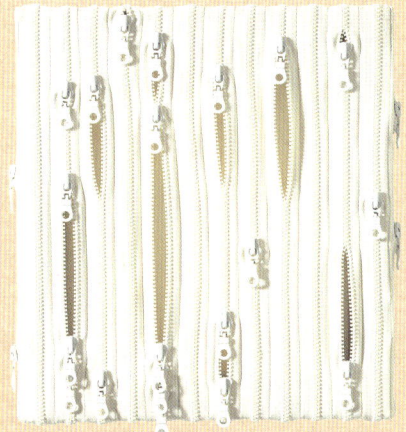

To be one | 한젬마 | 지퍼들 | 30×35 | 2003

열어 버린 몬드리안 | 한젬마 | 지퍼들 | 46×46 | 2005

녹 잘 스는 플러그 커버 사기

"혹시 녹 잘 스는 플러그 커버는 없나요?"
"여봐요! 커버가 녹슬면 우리 장사 망하라고? 보통 다 녹슬지 않게 마감해요. 아니면 아예 쇠 대신에 플라스틱을 쓰든지!"
가게에서 괜히 핀잔만 한가득 듣고 나왔다. 하는 수없이 녹스는 플러그 커버를 여러 개 만들 수 있는 대장간을 알아 보아야 했다. 그렇게 해서 만든 작품.

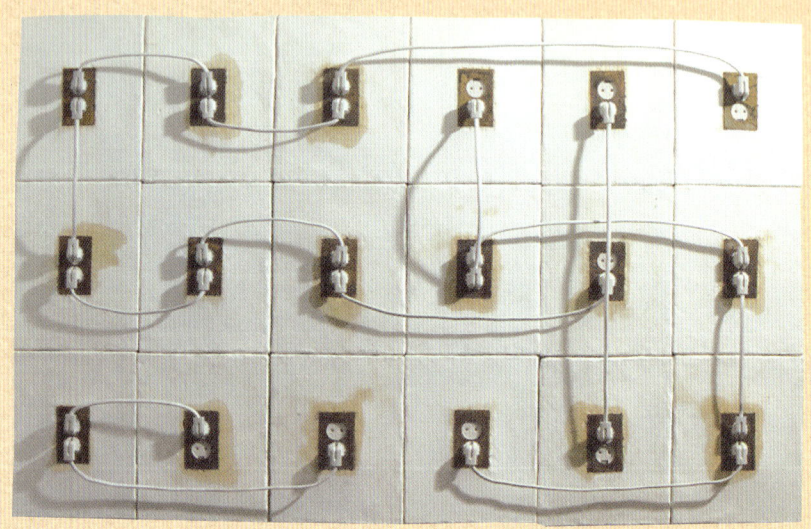

관계-소통 | 한젬마 | 혼합재료 | 106×168 | 2003

원래 플러그는 안쪽 부분과 바깥 커버를 한 쌍으로 판매한다. 그런데 나는 안의 것은 필요가 없었다. 플러그를 꽂을 것도 전선과 연결할 것도 아니어서 조금이라도 예산을 절감하려고 커버만 만들고 싶었다. 결국 대장간에서조차 무식하고 용감한 손님이 되어서 만들었던 작품이다.

관계의 책 | 한젬마 | 혼합재료 | 48×40×9 | 2002

때밀이 타월 잔뜩 사기

"다른 사이즈는 없나요? 다른 색은요?"
"뭐하는 분인데, 때밀이 수건을 색깔별로 삽니까?"
"…… 외국에 있는 친척들이 보내 달라네요. 이건 우리나라에만 있는 물건이니, 선물하려고요!"
"근데 외국에 식구들이 무지 많나 봐?"
이태리에는 없는 이태리 타월. 글로벌 시대이지만 유독 이것은 한국이 아니면 구할 수 없는 물건이다. 그러니까 대단히 한국적인 아이템이 아닌가? 촌스러워야 제 멋이 나는 색색의 때밀이 천으로 한국을 표현하고 싶어 만들었던 작품이다.

past&present3 | 한젬마 | 혼합재료 | 100×100 | 2004

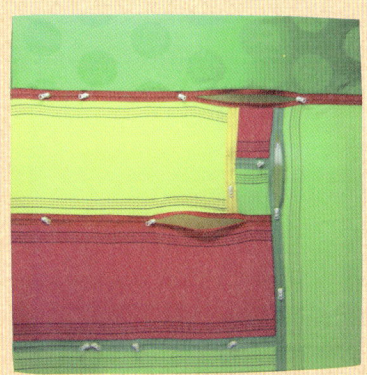

past&present1 | 한젬마 | 혼합재료 | 100×100 | 2004

중고 팔레트 사 들이기

학창 시절 내내 수많은 팔레트를 썼다. 하나의 팔레트를 오래 쓰다 보면 희한하게 팔레트 흰 바닥이 보라색으로 점점 물이 든다. 이 때문에 헌 팔레트는 물감을 갤 때 색을 정확히 분별하기 힘들어지므로 새 팔레트로 자주 바꾸어야 한다.
'보라전'이라는 그룹전에 출품할 작품을 구상하면서 나는 중고 팔레트가 떠올랐다. 색이 배어든 중고 파레트를 작품으로 탄생시키고 싶었던 것이었다. 헌데 갑자기 수

보라 | 한젬마 | 팔레트들 | 146×138 | 2002

많은 헌 팔레트를 어떻게 구한담? 단골 화방에 가서 주인에게 부탁했다.
"중고 팔레트 좀 구해 주실래요? 보라색으로 많이 물든 것일수록 좋아요. 중고 팔레트 가져오는 사람에게 새 팔레트 한 개씩 준다고 홍보 좀 해 주세요. 제가 새 팔레트 값을 드릴게요."
당연히 화방 주인은 의아해하면서도 좋아했고 삽시간에 헌 팔레트를 많이 구해 주셨다. 작품을 보면 쓰다 버린 팔레트를 활용한 것처럼 보이지만, 작가의 의도를 표현하기 위해 돈을 꽤 지불했다는 사실을 사람들은 알까?

불 도구 없는 포장마차 구하기

그림 요리 퍼포먼스 | 한젬마 | 광주비엔날레 | 2006

"무슨 장사에 쓸 포장마차인데요?"
그림 요리를 구상하면서 포장마차를 구매하려고 간 가게에서 처음 들었던 질문이었다. 포장마차의 기능별로 모양이 다 달랐기 때문이다.
"요리할 것은 아니고요. 그림을 그릴 용도이거든요. 불 도구 같은 것은 필요 없어요. 그냥 넓은 판만 있으면 돼요."
"그림을? 그걸 왜 포장마차에서 해?"
"……."
창작 재료를 사러 가서 말문이 막힐 때가 참 많다. 하지만 재료와 도구의 일상성 뒤집기는 창작의 계기가 된다. 오늘도 나는 일상의 물건을 이상한(?) 용도로 쓰기 위해 재료를 구하러 다닌다.

한젬마가 추천하는 온갖 창작 재료 살 수 있는 곳

시장

방산시장 | 다양한 포장 봉투나 박스, 시트지나 벽지 같은 종이류를 구하기 좋다.
동대문 종합시장 | 한복 천 같은 다양한 옷감이나 의료용 부자재 등을 파는 곳이 많다.
아현동 재래시장 | 근대적인 우리 그릇과 고무신 등 키치적인 소품들이 많다.
황학동 풍물시장 | 다양한 고가구를 비롯해서 별의별 옛 물건들이 즐비하다. pungmul.seoul.or.kr

거리

을지로 1~4가와 청계천 거리 | 한번쯤 을지로 1가에서 4가까지, 그리고 청계천 거리를 하염없이 걸어 보라. 구역별로 타일, 페인트류, 철물, 미싱 등 온갖 물건들이 다 있다. 특히 청계천 세운 상가 쪽은 조명 가게들이 밀집해 있어 관련한 다양한 소품들을 구경할 수 있다.
논현동 가구거리 | 고급 인테리어용 브랜드 제품과 수입용 가구들이 있다.

가게

답십리 고가구 상가 | 고가구나 그림, 도자기 등을 구할 수 있다.
남대문 대도종합 3층 D동 그릇 도매 상가 | 주방 소품 및 도구, 그릇 들을 저렴하게 구할 수 있고 소량으로도 판매한다.
보령초벌 | 1차 초벌 상태의 다양한 도자기들을 구할 수 있다. 자기만의 그림이나 색을 칠하고 2차 재벌을 요청할 수 있다. bry.co.kr
호미화방 | 미술 재료의 한계를 넘어설 만큼 온갖 재료를 구비해 놓은 대형 화방 www.homi.co.kr
데칼포유 | 천이나 도자기에 프린트할 수 있는 종이인 '전사지'를 파는 곳. 나만의 컵과 그릇, 나만의 옷과 가방 들을 만들 수 있다. www.decal4u.co.kr

어린이가 퍼포먼스를 만난다면?

몇 년 전 서울 아시테지 겨울 축제(www.assitejkorea.org)의 마지막 날 공연에 '에코와'라는 공연을 볼 기회가 생겼다. 어린이 뮤지컬 제작자로 변신한 가수 유열 씨가 흥분을 감추지 못하고 "반드시 봐야 한다!"며 열광한 작품이었다. 어른들의 시각으로 따라갈 수 없는 어린이만의 감성이 놀랍다는 평에 이끌려 그 공연을 보았다. 이렇게 난해한 작품이 어린이 작품이라니, 믿을 수가 없었다. 나는 넋을 놓고 빛과 소리를 이용한 퍼포먼스를 감상했다.

더 놀라운 것은 관람하러 온 아이들의 즉각적인 반응이었다. 퍼포먼스를 하는 무대 위 퍼포머들과 관객 어린이들이 합일을 이룬 듯 즉각적으로 소통하고, 환호하고, 웃고, 박수를 쳤다. 반면 어른들은 하나같이 어리둥절해하며 박수칠 때가 언제인지 몰라 주춤거렸다. 어른은 작품을 볼 때 무슨 의미인지, 무슨 표현을 하려고 했는지 무조건 이해하려 한다. 어쩌면 그것이 '감상의 태도이며 예의'라고 교육을 받았기 때문인지 모른다. 그저 본능적으로 받아들이고 좋아하고 웃고 즐기는 아이들과 이해 안 되는 표정을 짓는 어른들의 대조적인 모습은 공연만큼 흥미로운 감상거리였다. 이 공연을 보고 나오면서 나는 한 가지 결심을 했다. 앞으로 퍼포먼스 축제에 내 딸과 함께하리라!

퍼포먼스란 무엇인가? 인간의 가장 원초적인 본능이며 신체 표현의 한 방식이다. 그리기나 붙이기 등의 다양한 미술 행위를 퍼포먼스라고 부르기도 하지만, 엄연히 퍼포먼스는 장르가 따로 규명되어 있다. 퍼포먼스 축제는 미술 훈련을 받은 혹은 미술 분야에 몸담은 전문가층을 상대로 하는 축제이다. 예술과 외설의 끝없는 논쟁이 일어나는 분야이며, 그 표현도 워낙 난해해서 일반 대중들이 쉽게 즐길 수 없는 예술이라는 인상을 주기도 한다. 나는 우리나라 퍼포먼스 축제인 '한국실험예술제'에 초창기부터 참여해 왔고, 퍼포먼스계에 꽤 몸담은 작가이기도 하다. 이런 나 역시 퍼포먼스를 감히 어린이와 연결해서 생각하지 못했다. 하지만 이날 실험예술제에나 선보임직한 수준의 '에코와'라는 퍼포먼스를 보고는 생각이 확 바뀌었다.

퍼포먼스는 아는 사람만 아는, 당연히 전문적인 식견이 있는 어른들만 봐야 하는 장르가 아니었다. 어린이도 퍼포먼스를 즐길 수 있다. 어쩌면 어른들보다 더 훌륭하게 본능적으로 참여할 수 있을 것이다. 이런 의미에서 실험예술제가 앞으로 더 적극적으로 어린이와 부모들의 참여를 끌어낼 수 있도록 활성화하면 좋겠다.

어린이 퍼포먼스

우리는 미술교육 하면 펜, 색연필, 크레파스, 물감, 찰흙 등 다양한 재료를 다루는 훈련부터 서두른다. 하지만 좀 더 원초적이고 포용적이며 자유로운 퍼포먼스에도 관심을 가져 보자. 음악과 자유로운 생각만 있으면 퍼포먼스는 충분히 가능하다. 아이들이 개다리 춤을 추고 연예인을 흉내 내는 것도 퍼포먼스로 볼 수 있다. 아이들은 본능적으로 본 만큼 따라 하고 흉내를 내면서 칭찬 받고 싶어 한다. 어쩌면 퍼포먼스만큼은 아이들에게 별다른 교육이 필요 없을지도 모른다. 아이들은 이미 자기 몸으로 자유롭게 신 나게 표현할 줄 안다.

동물 꼬리 그림을 붙여 주면 아이는 그 동물 흉내를 내며 퍼포먼스를 하며 논다.

'교육의 자연 복음서'라고 괴테가 칭송했던 프랑스의 계몽 교육 사상가 루소의 《에밀》에 이런 말이 나와 있다.

"어린이는 어떠한 강제도 받지 않고, 자유롭게, 오직 자기의 소질에 따라 성장해야 한다. 이를 위해 반(反)자연, 이른바 관습과 규칙 등은 거부해도 좋다."

어린이의 이 같은 특권을 가장 잘 보여 줄 수 있는 장르가 퍼포먼스이다. 퍼포먼스야말로 아이를 더 자유롭고 창의적이게 만들 수 있는 예술적 도구가 아닐까?

어느 날 나는 아이들도 쉽게 인식할 수 있는 코끼리, 호랑이, 강아지, 고양이, 말, 캥거루, 토끼 등 동물들의 꼬리를 그렸다. 그러고는 그 꼬리 그림을 오렸다. 먼저, 코끼리 꼬리 그림을 아이의 바지 안쪽에 옷핀으로 살짝 꽂아 주었다.

"우리 딸이 코끼리가 되었네?"

그랬더니 내 딸은 이내 팔을 꼬아 코끼리 코를 만들고 코끼리 시늉을 했다.

"혜연이, 이제는 토끼네?"

깡충깡충, 껑충껑충 아이는 자신이 단 꼬리의 동물을 연상하고 흉내를 내며 놀았다. 시간이 조금 지나자 스스로 새로운 상황을 상상하며 다양한 표현들을 해냈다. (만약 그룹으로 동물 흉내 퍼포먼스를 할 때에는 꼬리를 그리고 붙이는 것까지 모든 과정을 아이들 스스로 하게 하면 좋다.)

퍼포먼스에 정답은 없다. 엄마는 표현하는 아이를 지켜봐 주고 함께 즐기면 된다. 또한 대화를 통해서 아이의 상상력과 표현력을 이끌어 내면 된다. 그 과정에서 아이는 그림으로는 발산할 수 없었던 표현의 세계를 발견하고 즐기게 될 것이다.

서울 아시테지 겨울 축제와 제주국제실험예술제

서울 아시테지 겨울 축제 | www.assitejkorea.org

아동·청소년 연극은 유럽을 중심으로 발달했다. 1965년 국제아동청소년연극협회(아시테지, ASSITEJ)는 파리에서 창립하여 현재 전 세계 70여 개 회원국이 자발적으로 참여하는 비정부 국제 기구가 되었다. 우리나라는 1982년 협회를 설립했고, 협회 주최로 국내 최대 어린이 공연 예술 축제인 서울 아시테지 겨울 축제를 선보이고 있다. 이 행사를 통해 국내외 우수한 아동·청소년 연극을 다양하게 만날 수 있다.

제주국제실험예술제

2013년까지 서울에서 열리던 한국실험예술제다. 2014년 개최 장소가 제주도로 바뀌면서 이름도 변경됐다. 현대 예술 형식 중 가장 실험적 장르인 퍼포먼스를 중심으로 미술, 음악, 무용, 미디어 등 실험성 강한 다양한 장르의 작품을 선보이는 국제적 규모의 예술 축제로, 여러 분야의 새로운 작품을 나이 제한 없이 감상할 수 있다. 다만 퍼포먼스는 때로 폭력성에 대해 자유롭게 말하기도 하고, 성적 노출로 예술이냐 외설이냐 논란이 있어 관람하기 전에 꼭 아이와 관람해도 좋을지 문의해 보아야 한다.

2009년 이 예술제의 오프닝 행사에서 나는 '인간 케이크 퍼포먼스'를 선보였다. 먼저 홍대 거리에서 퍼포먼스 참여자들에게 생크림을 상징하는 흰 풍선을 나누어 주었다. 그런 다음 흰 풍선을 가진 사람들을 가운데로 모이게 하였고, 대형 골판지로 둥글게 테두리를 감싸서 케이크 모양을 만들었다. 그러고는 커다란 종이 리본 집게를 이용해 테두리 몇 군데를 집어 장식을 달고 사람들을 쭈그려 앉게 했다. 오프닝 축하 음악이 끝나고 나서는 사람들이 갖고 있던 흰 풍선을 하늘로 날리면서 개막 축하를 알렸다.

특별한 날 키즈 아트 파티

달력을 보면 특별한 날이 참 많다. 크리스마스, 새해, 설날, 삼일절, 식목일, 어린이날……. 어디 이뿐인가? 소풍 가는 날, 우리 가족을 위한 친척 모임, 제삿날, 생일날 등 기억하고 챙겨야 하는 날도 있다. 아이를 위해 더 특별히 신경 써야 하는 날도 많다. 이벤트도 해 주고 싶고 선물도 사 주고 싶고 신 나게 놀아 주고도 싶은데, 막상 준비할 것도 많고 귀찮기도 할 것이다. 새해, 크리스마스, 생일, 첫눈 오는 날 등 특별한 날에 아트와 함께 즐겁게 놀아 줄 파티를 열면 어떨까? 아이들은 또래끼리 모아 주고 미술 도구를 던져 주는 것만으로도 그들만의 파티가 될 수 있다.

365일 키즈 파티 놀이 아이템

- **새해와 구정** 전통을 모티프로 종이 탈이나 하얀 부채에 그림 그리기
- **삼일절** 태극기 그려 보기
- **식목일** 나만의 화분 만들기와 이름표 쓰기
- **부활절** 달걀에 그림 그리기, 달걀 찾기 놀이
- **어버이날** 카네이션 만들기
- **석가탄신일** 등 만들어 밝히기
- **추석** 오물조물 예쁜 떡 빚기
- **할로윈 데이** 변신하기!
- **크리스마스** 트리 꾸미기, 카드랑 양초 만들기
- **소풍날 아침** 김밥과 쿠키 만들기
- **가을 나들이** 낙엽이나 솔방울 같은 그림 재료 구하러 다니기
- **눈 오는 날** 눈사람 만들기(가을 나들이 때 마련해 둔 재료를 마음껏 쓰자!)
- **생일날** 케이크 만들기

부활절 달걀 놀이

부활절이 왔어요!
그래서 플라스틱 달걀을 한아름 샀지요.

선생님과 엄마들, 아이들이 모두
모여서 알록달록 자기가 좋아하는
색깔과 무늬로 달걀을 꾸며요.

짠~!
이렇게 새미난 달걀들이
잔뜩 태어났어요!

함께 만든 색색의 달걀을 한 엄마가 아파트 앞마당 곳곳에 숨겼어요. 물론 대충 잘 보이게 던진 수준이에요.
아이들을 모아 놓고 "출발" 신호와 함께 게임을 시작해요. 기회를 동등하게 주기 위해 열 개를 찾은 아이는 열 개 이상 더 담지 말고 출발지로 돌아오라고 이야기해 주었어요.

찾았다! 플라스틱 달걀을 열어 보면 초콜릿과 사탕이 있어요.

아이들은 저마다 바구니를 들고 알록달록 달걀들을 찾기 시작해요.

독일에서 우연히 발견한 귀여운 부활절 달걀 트리와 달걀 조형물이에요. 그야말로 달걀의 재미난 변신이네요!

크리스마스
미니 트리 만들기

딸이 독일에서 다녔던 유치원의 크리스마스 장식 풍경이에요. 이를 보니 우리의 크리스마스 장식이 너무 틀에 박힌 것은 아닌가 생각했어요. 이번 크리스마스에는 집 안을 어떻게 꾸밀까 아이디어를 내 보았지요.

크리스마스를 앞두고 방산시장에 들렀어요. 다양한 색깔의 부직포를 샀지요. 같은 사이즈로 세 개씩 트리 모양으로 잘라서 맞대었더니 입체 미니 트리가 되었어요. 그 위에 반짝이 튜브 물감으로 똑똑똑 점을 찍고 별 모양과 땡땡이 장식들을 풀로 대롱대롱 붙이니 깜찍한 트리가 완성됐어요!

겨울철 눈놀이

눈이 내렸어요.
감기 때문에 밖에 못 나가는 아이에게 눈 한 바가지를 퍼다가 아이보다 조금 작은 눈사람을 만들어 주었어요. 마루에서 자기와 꼭 닮은 눈사람과 노는 아이. 금세 눈사람과 친구가 되었어요!

눈이 펑펑 내린 12월의 어느 날, 눈사람 가족을 만들었어요. 온 가족이 만든 작품이기에 기념으로 사진을 남겨 두었지요. 이를 가까운 사람들에게 새해 인사 메일을 보낼 때 바탕 이미지로 써 보았답니다.
아이와 추억이 담긴 일상 풍경을 사진에 담았다가 특별한 날 소중한 사람에게 보내 보세요. 모두에게 함박웃음을 주는 동심을 선물할 수 있을 거예요!

쿠키와 케이크 만들기

지난 크리스마스 때 아이와 처음으로 케이크와 쿠키 만들기를 해 보았어요. 정말 맛있게 보이지요? 요리에는 일가견이 없는 터라 자신 있게 말할 수 있어요. 제가 이만큼 했다면 누구나 할 수 있는 거라고요! 저는 요리를 시작하기 전에 요리책을 읽거나 레시피를 인터넷 검색하는 대신에 일단 요리 도구와 재료 파는 곳이 몰려 있는 방산시장에 갔어요.

"케이크 만들고 싶어요." 혹은 "쿠키와 초콜렛 만들고 싶어요."를 외쳤지요. 그렇게 하면 가게에서 재료 다 가르쳐 주고 방법도 알려 줍니다. 가게에서 배우고 재료 사 온 뒤에도 요리 방법이 헷갈리면 그때 인터넷 검색을 해도 될 거예요. 한 번에 잘 되기는 어렵겠지요. 실수도 해야 내 것으로 소화가 될 거예요.

완성한 케이크와 쿠키는 파티 디저트로 잘 썼고, 먹기 전에 사진으로 찍어 두어 크리스마스 카드 사진으로도 활용했답니다~

돌상 차리기

독일은 돌잔치가 없답니다. 독일에서 딸의 돌은 다가오는데, 주변 사람들에게 돌잔치 이야기를 꺼내니 매우 의아해했어요. 그래도 난 한국 사람! 돌잔치를 안 하고 지나자니 서운할 것 같았어요.
그래서 시작했지요. 엄마표 돌상 차리기!
천, 꽃 장식, 초와 과일 그리고 액자를 샀어요. 식탁에 천 씌우고 소품들을 놓으니 그럴 듯한 돌상 그림이 나왔답니다. 때로는 예술이 삶을 검소하게 만들어 준다는 걸 깨닫는 사건!이었어요.

한젬마의
미술 놀이터 시리즈

한 아이의 엄마가 되는 순간부터 나의 관심사는 온통 '아이'로 집중했다. 이때부터 적극적으로 어린이를 위한 미술 놀이터를 기획하고 작업하게 되었다. 미술 놀이는 잘 알려진 말이지만, 미술 놀이터라고 하니 왠지 생소한 느낌이 들 것이다. 놀이터는 활동적인 느낌인 데 반해, 미술은 너무 정적이니까 말이다. 그리고 놀이터 하면 함께 모여서 왁자지껄 노는 즐거움이 연상되는데, 미술은 혼자서 앉아서 하는 정적인 작업만 떠오르지 않는가? 이렇게 상충하는 두 단어의 조합이 무엇일지? 재미있을지? 의아할 수도 있을 것이다.

'한젬마의 미술 놀이터'는 정해진 단순 반복적인 놀이를 하는 공간이다. 앞서 단순한 재료로 반복하는 놀이가 창의력을 길러 준다고 언급한 바 있다. 미술 놀이터는 간단한 미술 놀이를 통해서 새로운 발상과 시도를 이끌어 내고 색다른 재미도 줄 수 있다. 아이들과 함께하고 싶은 엄마 마음으로 제작한 한젬마의 미술 놀이터를 한번 들여다보자.

똑딱이 놀이터

광주비엔날레에서 선보였던 똑딱이로 만든 미술 놀이터[1].
사실 이때는 임신 전이었고 어린이를 위한 놀이라기보다 관객이 많이 참여하기를 바라는 의

도에서 만들었다. 그런데 결과적으로 어린이들의 참여도가 아주 높았던 작품이다.

옷에 주로 쓰는 똑딱 단추 중 오목 똑딱이를 캔버스에 빼곡하게 부착했다. 볼록 똑딱이는 다양한 색을 구비해 따로 놓아두었다. 관람객들은 볼록 똑딱이를 붙이면서 함께 이미지를 완성시켜 나갔다. 한마디로 그림 놀이 체험 화폭인 셈이다. 탈부착이 쉬운 똑딱이 화폭은 현재 우리 집 한쪽 벽에 걸려 있다. 우리 아이는 색색의 단추를 붙였다 떼었다 하며 수시로 미술 놀이를 한다.

지퍼 놀이터

지퍼로 만든 미로 놀이터2.

쌈지스페이스에 입주한 작가들과 함께 아이들의 창의력 계발을 위해 공동으로 개발했던 '더불더불, 지익, 대충대충, 획~ 놀이터'이다. 작가들마다 구현해 내는 놀이터는 꽤 다양했다. 나는 지퍼로 작품을 해 온 작가라 지퍼 놀이터라는 소재가 매우 반가웠다. 칸칸이 지퍼를 열고 입장할 수 있는 체험 룸을 만들었는데, 지퍼를 열고 닫으면서 표정이 변하는 지퍼 아이도 아이들이 꽤 재미있어 했다.

1 2

못 놀이터

딸을 임신했을 때 나는 진흥 기업의 아트디렉터였고 내 작품으로 주거 환경을 개발하는 중이었다. 이때 주거 환경 안에 설치될 놀이터도 개발하고 있었는데, 그 어떤 시설물보다 더 공들여 애정을 가지고 구상했었다. 동화를 보고 태교에 심혈을 기울일 때여서일까? 색감과 구상을 여느 때보다 밝고 유쾌하게 만든 것 같다[3, 4].

조형물 하나로 만든 놀이터

〈브레멘 음악대〉의 포스터에서 영감을 받아 제작한 작품[5]. 이 작품은 뮤지컬을 상징하는 조형물로 공연마다 따라다니면서 공연장 한쪽에서 포토존 역할을 하고 있다.

러브 포토존[6]은 63빌딩 후원으로 제작 설치했던 작품으로서, 63빌딩에 있다가 이후 어린이 미술관으로 옮겨졌고, 그 다음엔 아트디렉팅을 맡았던 상상미술축제에 설치되어 축제 기간 동안 아트 포토존이 되었다. 지금도 어린이 관련 장소를 따라 계속 이동 전시 중이다.

이 두 작품은 조형물 하나로 일상적인 공간이 놀이 공간으로 변신할 수 있다는 것을 보여 주

었고, 지금도 계속 어린이들을 만나며 사진 찍고 추억을 만드는 배경 역할을 하고 있다.

팔레트 경첩 병풍 그림 놀이터

'보라전'에 전시한 팔레트 경첩 병풍 그림 놀이터.
앞서 소개한 팔레트로 만든 작품과 함께 중앙에 설치한 관객 참여 작품이다. 병풍 화폭의 경첩 역할을 하는 것이 헌 팔레트이다. 남녀노소 누구나 경첩의 팔레트에 물감을 묻혀 그림을 그릴 수 있어서 전시 기간 동안 병풍 합동 작품이 완성되었다[7].

엄마들은 대부분 서양 명화를 잘 모른다는 콤플렉스가 있어서
아이에게 서양 명화를 설명해 주지 못한다는 사실을 부끄러워한다.
하지만 엄마가 챙겨 주는 사람이지 가르쳐 주는 사람인가?
사실 명화는 원래 학습의 대상이라기보다 아름다운 감성을 일깨우는 데
훨씬 더 가치가 있다. 아이의 삶에 명화가 좋은 추억으로 스며들게 만들자.

— 본문 중에서

04

만만한 명화
놀이하는 미술관

| 명화가 재미난 놀잇감으로, 미술관이 신 나는 놀이터가 되는 비결 |

01
명화, 감상보다 만만하게 활용하자

명화가 삶 속으로 스며들게 하자

반 고흐, 샤갈, 피카소, 마티스, 모네…….

'명화' 하면 우리 머릿속에 곧바로 떠오르는 이름들이다. 어쩌면 어른들에게 미술은 '서양 명화 감상'뿐일지도 모르겠다. 미술 좀 알아야겠다고 생각하면서 구매하는 책들이 대부분 서양 명화를 해설해 주는 책이 아닌가? 아마 대부분 서양 미술사 책 한두 권쯤은 사본 적이 있을 것이다. 거의가 그림만 대충 훑다가 책장에 고이 모셔 두게 되고 말이다.

미술 강연을 다니다 보면 참석자들에게 묘한(?) 압박감을 받고는 한다. 그들은 유명한 서양 명화들에 대해서 아는 척 좀 할 수 있도록 강의해 달라는 눈치를 보낸다. 미안하지만 나는 그런 강연은 절대 하지 않는다. 서양 명화를 짧은 시간에 이해하며 감상하는 것은 불가능할 뿐더러 스스로 명화 감상을 하고 싶은 동기가 생기는 것이 더 중요하기 때문이다.

고흐의 방 | 빈센트 반 고흐 | 유화 | 73x91 | 시카고 아트 인스티튜트 | 1889

사람들은 어떤 명화를 보고 피카소의 것인지, 샤갈의 것인지, 마티스의 것인지, 반 고흐의 것인지, 폴 고갱의 것인지 알아맞히고 싶어한다. 만약 명화를 시험 문제 풀 듯 생각한다거나 작가나 작품명을 알고 모르는 것에 무게 중심을 둔다면 그것은 제도 교육의 불행한 소산이다.

엄마들은 대부분 서양 명화를 잘 모른다는 콤플렉스가 있어서 아이에게 서양 명화를 설명해 주지 못하는 것을 부끄러워한다. 하지만 엄마는 챙겨 주는 사람이지 가르쳐 주는 사람이 아니다. 그리고 명화는 원래 학습의 대상이라기보다 자연스러운 감상을 통해 아름다운 감성을 일깨우는 데 훨씬 더 큰 가치가 있다.

학창 시절 서양 명화를 처음 접했을 때, 낯선 그것들 사이에서 유독 빛나는 명화가 있었다. 바로 로댕과 샤갈의 작품들이었다. 그것들은 다른 명화보다 더 크고 선명하게 다가왔다. 작품이 주는 남다른 특별함이 있어서일 수도 있지만, 실은 어릴적 이미 그 명화들을 본 적이 있기 때문이다.

아주 어렸을 때 우리 엄마는 나를 서양 명화전에 데려갔다. 그 전시에서 시커멓고 뭉클한 로댕의 작품들과 꿈 같고 동화 같던 샤갈의 작품들을 보았다. 잘은 모르지만 그 전시관 나들이는 어린 나에게 아주 특별했다. 당시 우리 엄마는 평소보다 훨씬 조심스럽게 나를 데리고 다녔고, 미술관 분위기도 매우 경건했다. 그렇기에 명화만큼이나 전시장 나들이는 신성한 기억으로 남아 있다. 여러 명화집 가운데서 샤갈과 로댕의 작품들이 특별하게 나를 끌어당긴 까닭은 바로 '엄마와의 추억'이 그 안에 겹쳐 있기 때문이리라.

나는 아직도 그 전시장에서 엄마가 사 주었던 샤갈 화집을 가지고 있다. 언젠가 서울에서 샤갈 전시가 열렸을 때, 우연히 그 옛날 샤갈 화집이 떠올랐다. 나에겐 몇 권의 질 좋은 샤갈 화집이 더 있다 보니 상대적으로 화질이 떨어지는 그 옛날 화집은 책장에서 고스란히 먼지만 쓰고 있었던 것이다. 별 생각 없

어린 시절 우리 엄마와 함께했던
샤갈 전시회 입장권 두 장.

이 옛날 샤갈 화집을 펼치던 순간 깜짝 놀라고 말았다. 오래전 엄마와 함께했던 샤갈 전시 입장권이 책갈피에 꽂혀 있었던 것이다! 성인용과 어린이용으로 나뉘어 각기 다른 샤갈 그림으로 인쇄된 입장권. 그 티켓이 추억처럼 아름답게 빛나고 있었다.

수년 전부터 정말 수많은 서양 명화 전시들이 방학마다 열리고 있다. 한마디로 서양 명화 전시의 홍수 시대이다. 그 전시장에 가 보면 관람객 줄이 꼬리에 꼬리를 물고 이어져 있다. 사실 작품은 한적하게 여유롭게 감상하는 것이 좋은데, 앞사람 등에 코 박고, 뒷사람 등에 밀리며 눈도장 찍듯 보는 전시에서 제대로 감상의 효과가 있을까 의심스럽기도 하다.

그러나 서양 명화 전시를 보러 갈 기회가 흔하지 않으니, 그 기회를 잘 활용하기 위해 사전 준비를 하고 가자. 관련 책이나 인터넷 서핑을 통해서 화가의 일생을 미리 읽어 보고, 작품도 살펴보자. 아이에게 그 작품들을 미리 보여 주면서 간략하게 엄마가 방금 읽은 그 화가에 대해서도 이야기를 나누어 보자. 그런 다음 전시장을 찾아 실제 명화와 비교해 보는 체험을 하면 더 알찬 감상이 될 수 있을 것이다.

그렇지만 대규모 서양 명화 전시를 보러 간다고 해서 아이의 삶과 정서에 무조건 보탬이 되는 것은 아니다.

명화를 감상의 대상으로 여기고 즐길 수 있게 이끌어 주는 것이 중요하다. 명화는 살아가면서 자연스럽게, 아름답게 다가와야 한다. 학습의 대상 혹은 교육용으로만 생각해서는 안 된다. 엄마가 명화를 아이 삶에 **좋은 추억**으로 스며들게 해 주자. 이것이 엄마에게도 아이에게도 명화 감상의 좋은 시작이 아닐까 싶다.

명화 백 배 활용하자

'그림 읽어주는 여자'가 된 후부터 나는 명화와 함께하는 삶을 살고 있다. 그래서일까? 딸이 태어나자마자 어린이 명화책 전집부터 샀다. 수많은 명화집들을 갖고 있건만, 어린이들을 위해 만든 명화책은 어떻게 다를까 싶어서 충동구매한 것이다. 막상 사고 보니 갖고 있던 일반 명화책과 별다른 것이 없어 후회막급했지만 어쨌든 구매 후 활용을 해야 하니 아이에게 수시로 이를 내밀었다. 책을 좋아하는 딸이지만 명화책은 늘 관심 없어 했다. 같은 일이 자꾸 반복되다 보니 왠지 모를 실망감이 밀려왔고, 한 가지 사실을 깨달았다.

'나 또한 명화를 가르쳐야 한다는 생각에 똘똘 뭉쳐 있는 엄마였구나!'

사실 아이들에게 명화가 왜 필요한가? 솔직히 아이들은 동화나 놀이책 들에 비해 명화에 관심이 별로 없다. 명화를 주입시키려는 것은 엄마의 욕심일 뿐이다. 오히려 **명화는 아이들의 사고력과 어휘력을 기르는 도구로 쓰여야 맞다. 아이 눈높이에 맞게 명화책을 과감히 활용해 보자.** 내가 좋아하는 음악만 골라서 재생 목록을 만들어 놓듯 아이가 좋아하는 그림만 모아서 새로운 명화책을 만들어 주는 것은 어떨까? 명화책은 대부분 다른 책에 비해서 비싸지만, 충분히 활용하고 소통될 때 제 몫을 다하는 것이니 과감히 뜯어 보자. 나는 딸이 좋아하는 동물, 꽃, 과일 들이 나오는 여러 책의 명화들을 찢어서 한 권으로 다시 묶었다.

명화는 마음껏 활용될 때 진짜 가치가 있다. 아이에게 한 소재를 화가마다 얼마나 다양하게 그렸는지를 보게 하면 어떨까? 아이와 함께 보았던 명화들을 벽에 붙이거나 액자에 걸어 두면 어떨까? 달력을 만들어 주는 것은 어떨까? 집 꾸미는 시트지로 쓰면 어떨까? 명화가 명화책 안에 갇혀 있는 것보다 집안 곳곳으로 나와 쓰이는 것이 훨씬 재미있고, 가치 있을 것이다.

엄마표 명화집 <꽃>

1 해바라기 | 빈센트 반 고흐 | 유화 | 91x72 | 뮌헨 노이에 피나코텍 | 1888 2 유월의 풍성한 장미 | 앙리 팡탱라투르 | 유화 | 1873
3 꽃들 | 앤디워홀 | 실크스크린 | 20.3×20.3 | 휘트니 뮤지엄 | 1966 4 천남성 4번 | 조지아 오키프 | 76×102 | 1930

5 봄 | 아르침볼도 | 유화 | 76×64 | 루브르 | 1573 6 다알리아 | 폴 세잔느 | 73×54 | 유화 | 오르세 미술관 | 1873년경
7 푸른 화병에 담긴 아네모네와 라일락 | 오딜롱 르동 | 60×74 | 1912년 이후 8 꽃병 | 얀 데 헴 | 57×6/ | 1645

9 꽃이 있는 정물 | 에두와르 마네 | 유화 | 페랄 미술관 | 1880 10 꽃이 있는 농장 정원 | 구스타프 클림트 | 유화 | 110x110 | 오스트리아 미술관 소장 | 1906년경
11 꽃 | 에밀 놀데 | 수채화 | 34.3×48.3 | 레오나르도 휴턴 갤러리

그림 읽기에 도전해 보자

"이 그림을 보고 느낀 점을 한 단어로 표현한다면?"

미술 강연회에서 명화를 소개할 때면 나는 사람들에게 이런 질문을 많이 던졌다. 그림에 대해서 듣기만 하는 수동적인 자세보다는 스스로의 느낌대로 먼저 그림을 읽어 보자고 제안한 것이다. 가뜩이나 거리감 있는 명화들을 미사여구를 동원해서 해설해 준다 한들 그 괴리감이 더욱 커지지 않겠는가? 그래서 우선 사람들이 명화를 좀 만만하게 느끼도록 해 주고 싶었다.

그래서 '동심', '순수', '정', '사랑'…… 어떤 단어라도 좋다면서 사람들에게 한 단어로 그림 읽기를 유도했다. 아무리 한 단어라고 하더라도 감상한 후 골라야 했기 때문에 사람들은 나름대로 진지하게 명화를 들여다보았다. 그리고는 하나둘씩 눈치 보지 않고 단어를 내뱉기 시작했다.

사람들은 비슷비슷한 단어들이 나오면 신기해하며 공감했다. 또, 특이한 단어가 나오면 흥미로워하면서 유난히 다른 생각을 한 사람에게 관심이 쏠려서 그 이유를 듣고 싶어 했다. 이렇듯 여러 사람들이 모여서 그림을 읽으면 다른 사람들의 시각과 의견, 느낌을 접할 수 있고 그러면서 자신의 사고력을 한층 넓힐 수 있다. 또한 점점 담대하게 자기 느낌대로 그림을 읽을 수 있다.

원래 그림 읽기는 그 작가가 평생을 걸고 이루고자 한, 남다르게 표현한 결정체를 이해하는 시간이다. 어떻게 그것이 그 사람에게는 평생을 걸 정도로 중요했던 것인가를 생각하면 생경하기도 하고, 한편으로는 신선하기도 하다. 또한 그림을 보면서 새로운 발상을 떠올리기도 하고 자극을 받기도 한다.

그림 읽기는 정답도, 규칙도, 나무랄 것도 없는 무한 자유 수업인 것이다. 그럼에도 그림 읽기는 지루하고 부담스러워서 일상에서 쉽게 하지 않는 일이다. 재미 없고 어렵다는 편견 때문인데, 실은 **그림 읽기만큼 실용적인 취미도 없다.**

영국과 독일에서 뮤지엄을 갔을 때 나의 시선을 끌었던 것은, 어마어마한 미술관의 크기 혹은 소장품이나 관람객 수가 아니었다. 노약자들을 위해 준비해 놓은 휴대용 의자였다. 그

영국의 테이트 뮤지엄에서 노약자에게 제공하는 가벼운 의자

의자는 알루미늄처럼 보이는 재질인데 크기에 비해 노인들이 들 수 있을 만큼 퍽 가벼웠다. 이것의 쓰임은 무엇일까? 노인들은 의자를 들고 전시장을 다니다가 특정 그림 앞에서 그 의자를 폈다. 그러고는 친구들과 그 그림을 보며 함께 수다를 떨곤 했다. 그림 감상이 일상이고 취미인 그들의 삶은 얼마나 풍요롭고 아름다운가?

그림 읽기는 평생 교육이 가능한 분야이고 취미로도 손색이 없다. 물론 미술관과 갤러리를 돌아다니며 그림을 보는 일은 분명 상당한 에너지를 쓰는 일이다. 아무리 좋은 음식도 습관이 안 되면 먹기 힘들고, 아무리 몸에 좋다는 산행도 습관이 안 되면 귀찮은 것처럼, '그림 읽기'도 습관이 몸에 배지 않으면 즐기기 쉽지 않다. 평생을 투자해서 생활화하면 좋을 목록에 그림 읽기를 끼워 넣으면 어떨까? 그림 읽는 것이 습관이 되면 일상에서나 낯선 여행지에서나

전시장을 들러 보게 되고, 나이가 들어서까지 미술 산책이라는 멋진 취미를 즐길 수 있다.

그림 읽는 아이들

"선생님은 여기 달력 그림 중에 어느 것이 제일 좋으세요?"

내가 한때 그림을 가르쳤던 천재 소녀는 어느 날 동양화 화폭의 달력을 가져와서 이렇게 물었다. 그다지 특색이 있는 것도 아닌 일반 수묵 동양화가 그려진 달력이었다. 그 아이는 그렇게 나를 자극하던 학생이었다. 참 당혹스러웠다. 열두 달 그림 모두 별다를 것이 없었기 때문이었다.

"응? 난 이거……."

나는 대충 한 그림을 골라 얼버무렸다.

"전요, 이 그림이 제일 좋아요. 눈도 풀잎도 아직 있고……."

기억이 잘 안 나지만 그 아이의 부연 설명은 길었다. 자신이 좋아하는 그림에 대해서 이야기하고 싶었던 것이다. 무언가를 읽어 내고 발표한다는 것은 그만큼 관찰력과 감성과 자신감이 넘친다는 뜻이 아닌가?

그림 읽기는 아이가 칭찬 들을 수 있는 기회를 제공하는 매우 중요한 도구다. 그림 읽기 하면 엄마가 그림을 놓고 아이에게 중요한 정보를 설명해 주는 것을 떠올리기 십상이다. 이것은 진정한 그림 읽기가 아니다. 그림으로 아이와 대화해 보자. 답이 어디 있는가. 엄마가 알지 못하는 그림이어도 상관없다. 그냥 그림을 보고 느낌을 말하도록 하자. 말하면서 아이는 사고와 어휘력이 성장하고, 감수성도 자랄 수 있다.

"그림이 아파. 호오……."

어느 날 문득 그림에 입김을 불어 주는 딸. 왜 그림이 아프다고 생각하는지 모르겠다. 아프게 혹은 아픈 것을 그릴 수는 있지만, 그림이 아플 수도 있다니! 한편으로 대단히 시적이지 않은가. 나는 딸의 그림 읽기를 통해 새로운 감성이 솟아나는 기분이 들었다.

엄마는 아이의 생각을 바탕으로 더 깊게 질문하면서 그림을 구석구석 관찰하며 느낌과 생각을 표현할 수 있도록 이끌면 된다. 만약 화가나 그 그림에 대한 정보를 엄마가 아는 부분이 있다면 자연스럽게 덧붙이면 된다. 명화만이 가진 가치와 맛을 아이와 공감하는 시간을 가져 보자.

엄마들의 그림 읽어 주기 노하우

1. 명화집을 볼 때나 전시장을 갔을 때 아이에게 좋아하는 그림 한 점을 고르게 한다.
2. 그 이유를 물어본다.
3. 아이 자신만의 느낌과 생각을 말할 때까지 기다려 주자.
4. 그림 속에 보이는 것들을 구석구석 찾아보게 한다.
5. 이와 관련된 세 가지 질문을 던져 본다.
6. 그 질문을 가지고 답을 하지 말고 대화를 풍부하게 나눈다.
7. 그림을 본 전체적인 느낌을 말하게 한다.
8. 작품의 제목을 마음대로 붙여 보게 한다.
9. 전시장의 큐레이터나 화집 등을 참고해서 정확한 정보를 살펴본다.
10. 아이와 나눈 이야기 중 작가의 의도와 비평 등과 비교해 본다.

※ 전시장에서는 많은 작품을 빨리 다 보는 것보다 한 작품을 깊게 감상하는 것이 좋다.

02
우리 명화부터 제대로 알자

우리 명화 얼마나 아세요?

우리는 왜 이토록 서양 명화에 열광할까? 우리 화가는 몰라도 서양 화가는 알아야 하고, 우리 그림을 몰라도 서양 명화는 외워야 하고, 먹 맛도 모르면서 유화 터치를 멋있게 생각하고, 선 공부는 안 하면서 명암과 색 배우기에 급급하다.

서양 명화는 서양인들에게 역사적 자산이며 자긍심이다. 우리가 일반적으로 말하는 미술사는 서양의 미술사이고, 그들이 쓴 그들의 미술 이야기이다. 우리는 그들의 시선으로 그들의 그림을 이해하려는 노력이 지나친 것 같다. 얼마든지 그들과는 다른 우리만의 시선으로 감상할 수 있는데 말이다. 서양 명화를 대할 때 좋은 자세는 우리의 것과 무엇이 다르며 어떤 다른 아름다움이 있는가를 이해하며 보는 것이다. 그렇게 하려면 우리 미술도! 잘 알아야 한다.

지금 이 책을 보는 여러분은 우리 미술, 우리 화가를 얼마나 알고 있는가? 피카소, 샤갈, 반 고흐, 고갱, 마티스, 밀레, 앤디 워홀, 로댕, 레오나르도 다빈치, 미켈란젤로…… 서양 미술의 대가 10명은 알아도 우리 미술의 대가는 몇 명이나 알고 있는가? 아니 범위를 넓혀서 동양 미술 혹은 아시아 미술의 대가는? 또, 우리 명화 전시에 대한 관심과 방문 횟수는 어떠한가? 우리 그림과 화가도 모르는 우리 자화상은 정말 부끄럽다. 물론 사람들은 해당 전시가 별로 눈에 안 띄어서 갈 기회가 없었다고 말할 수도 있다. 전시 기획자들은 우리 명화에 사람들이 별로 관심이 없기 때문에 많은 액수를 투자하는 전시는 기획하기 힘들다고 말할 수도 있다. 악순환의 반복인 것 같다. 우리 미술에 관심을 가지지 못하는 현실을 대할 때마다 정체성을 상실한 자화상을 들여다보고 있는 것 같아 안타깝다.

원래 미술은 시각적으로 민족 정체성을 담아 내는 그릇이다. 미술을 보면 시대와 역사, 정치, 경제, 사회, 과학, 철학이 반영되어 있다. 그래서 서구 문화 선진국들은 자신들의 대표 예술가들을 포함한 서양 미술 대가들의 작품들을 소장·보관하고, 교육 프로그램으로 개발한다. 아이들은 미술 작품으로 미술관에서 다양한 수업을 받는다. 그들의 역사를 작품을 통해서 확인하고 학습하는 것이다. **서양 명화와 관련해서 정말로 배워야 할 것이 있다면 바로 이런 부분이다. 그들은 자기네 명화들을 수업에서 제대로 활용하고 있다.**

명화를 잘 '감상'하는 것이 아니라 잘 '활용'하는 것이다. 명화로 자신들의 역사도 배우고, 과학의 원리도 짚어 보고, 다양한 창작 활동도 병행한다. 우리는 서양 명화를 그들의 시각 그대로 감상하고 이해하는 데 열을 올리고 있다. 더욱이 우리의 역사와 미의식을 모두 담고 있는 우리 명화는 활용은커녕 감상조차 하지 않는데 말이다.

　실은 우리 것을 제대로 알아야 남의 것이 얼마나 위대한지 알 수 있다. 우리에겐 우선 우리 미술에 대한 이해와 학습과 관심이 절실하게 필요하다. 나는 많은 강연회에서 서양 명화 감상에 앞서 우리 명화부터 충분히 감상해 보라고 권한다. 우리 미술에서 시작해 점점 아시아 미술로 확대하며 공부해 가라고 말이다.

　우리 명화에 눈을 돌려 보자. 명화는 익숙해질수록 좋고 반갑기 마련이다. 아이 때부터 우리 명화를 자주 보여 주자. 우리 화가의 그림을 보면 우리만의 독특한 미감이 보인다.

　'바보 산수'로 유명한 운보 김기창 화가의 옛집은 미술관을 겸하고 있다. 그의 옛집에서 그의 작품을 감상해 보길! 그가 살았던 환경까지 고스란히 볼 수 있을 뿐만 아니라 우리 고유의 정서까지 엿볼 수 있다. 멋진 한옥과 정자가 있는 그의 옛집은 그 자체로 아름다움이며 여유이며 풍류이다. 그리고 그 풍경은

알아두자! 한국의 대표 화가 11인

이중섭　culture.seogwipo.go.kr
박수근　www.parksookeun.or.kr
장욱진　www.ucchinchang.org
김기창　woonbo.kr
이응노　www.leeungnomuseum.or.kr
김환기　whankimuseum.org
김정희　www.chusa.or.kr
오지호　www.ohchiho.co.kr
신사임당　www.gahoon.com/sin_m.htm
김홍도와 신윤복(외 근대 화가들)　kansong.org
백남준　www.njpartcenter.kr

이제 우리에게는 그리움이다. '남향집'을 그린 오지호 화백의 옛집 또한 우리만의 소박하고 정겨운 느낌을 품고 있다. 그 집은 지금도 후손들이 초가지붕을 해마다 갈아줄 정도로 정성스럽게 보존하고 있다. 집짓기에 관심이 많아 늘 장인들과 함께 집을 지었던 장욱진의 그림을 보자. 그의 그림에서는 단순하지만 그래서 더욱 도드라지게 우리나라 집 고유의 선이 드러난다. 문자도를 그린 이응로 선생의 암각화는 오늘날 한글을 모티프로 한 다양한 디자인의 효시이다. 소박하지만 정겨운 박수근의 그림 속에 우리 옛 삶의 풍경과 정서를 보라. 실제로 요즘 나의 단발머리는 박수근 그림 속에 나오는, 아니 근대 화가들의 그림 속에 등장하는 소녀들의 갓난이 머리를 따라한 것이다. 이 머리를 아멜리에 머리라고 하지 말라. 이 머리는 갓난이 머리이다.

우리는 우리 미감에 대해 좀 촌스럽게 생각하는 경향이 있다. 이미 서양 미감에 익숙하고, 그것이 더 세련된 것이라고 은연 중에 주입이 된 것이다.

우리 명화를 감상하는 것이 우리의 정신과 정서와 아름다움을 이해하고 이어 가는 단초라고 감히 단언한다. 우리 명화에 대한 애정과 관심을 갖는 일은 미래 우리 아이들을 위한 엄마들의 몫이라고도 할 수 있다.

예술가의 자취는 문화 자산

내가 결혼했을 때 미술평론가 이주헌 선생님은 반 고흐의 그림이 그려진 와인을 선물로 주셨다. 난 아직도 그 와인병을 간직하고 있다. 그 와인은 프랑스 아를 지방에서 선생님이 기념품으로 사 온 것이었다. 아를은 반 고흐가 살았고 폴 고갱과의 에피소드가 얽혀 있는 곳으로도 유명하다. 당시 선생님은 50일간의 유럽 미술 여행에 대한 책을 저술하고 있었다. 출판 준비로 다닌 긴 여행인데다 온 가족이 함께해서 적잖이 힘들었을 텐데 수많은 짐 속에 내 선물을 챙겨왔다는 것 자체가 감동이었다. 게다가 반 고흐가 살았던 곳의 와인이라는 사실 때문에 더욱 특별한 선물처럼 여겨졌다.

예술가들의 흔적은 그 지역의 특색과 정체성을 만드는 데 보탬이 되고, 한 나라의 문화 예술을 대외적으로 알리는 자산이 될 수 있다. 문화 선진국에는 예술가의 자취가 훌륭한 관광 자원이다. 유명한 음악가, 문학가, 철학가, 연극인, 영화인, 건축가…… 그 중에서도 단연 유명 화가의 흔적은 최고의 관광 명소가 되곤 한다. 유명한 화가가 그린 벽화나 스테인글라스 단 한 작품이 소장되었다는 이유만으로 유명해진 장소도 많다. 그 대표적인 화가가 피카소, 반 고흐, 렘브란트, 모네 등일 것이다.

나는 모 기업의 후원으로 독자들과 함께 유럽 미술 여행을 떠난 적이 있다. 프랑스의 루브르 미술관, 오르세 미술관, 퐁피두 미술관, 몽마르뜨 언덕 그리고 네덜란드의 반 고흐 미술관과 렘브란트 하우스였다.

세계적인 미술관보다 더 인상적이었던 곳은 네덜란드의 렘브란트 하우스였다. 유명한 미술관이야 익숙한 명화들을 여러 점 직접 확인해 볼 수 있어 좋았지만 규모가 너무 방대해서 보고 또 보아도 끝이 없었다. 그래서 미술관을 나올 때 늘 큰 아쉬움이 밀려왔다. 이에 반해 예술가 한 명의 흔적이 배어 있고 보존되어 있는 옛집은 소박하지만 삶과 작품을 동시에 느낄 수 있어 감동적이었다. 렘브란트는 미술 교과 과정에서 항상 거론되는 바로크 화풍의 거장이며 루브르 미술관 같은 세계적인 미술관에도 그의 작품이 소장되어 있다. 한국에서도 몇 차례 서양 거장 미술 전시를 통해 선보인 적이 있어 우리에게도 꽤 익숙한 대가이다. 그런데 렘브란트를 미술관이나 전시장이 아니라 그가 살았던 장소에서 감상하는 맛은 그 깊이감이 달랐다. 아트페어나 전시장이 아닌 어떤 작가의 작업실에서 작품을 본다고 상상해 보라. 예술가의 작품 제작소, 제작 시 사용한 도구가 놓여 있고 예술가의 습관과 취향이 배어 있는 곳을 둘러 본다면 어떨까? 거기에는 예술가의 삶이 고스란히 남아 있다. 그 지역과 국가와 시대성을 작품을 통해서 함께 읽을 수 있다. 사실 예술가의 삶을 알면 작품의 이해도는 훨씬 자연스럽고 빨라진다. 그래서 평론가들은 그 화가의 인간성과 주변 환경을 익히는 일을 매우 중요하게 생각한다. 렘브란트 하우스를 가면서 나는 그 주변을 다녔을 그의 발걸음을 상상했고, 그가 썼던 미술 재료와 물건들, 다양한 콜렉션들을 보면서 취향까지 더듬어 보았다. 그 지역은 관광 명소가 되었고, 렘브란트 그림 속에 나오는 풍경은 그곳의 자랑이었으며, 세계 곳곳에서 온 사람들은 그를 통해 네덜란드와 암스테르담의 과거와 현재를 읽고 있었다.

　렘브란트 하우스에 온 사람 중에는 그에 대해서 관심이 별로 없지만 관광 명소라는 이유만으로 들른 관광객도 있었을 것이다. 또한 그곳에서 접한 한 줄의 문구나 한마디의 설명 때문에 새삼 렘브란트에 관심을 갖고 그 지역과 나라, 역사까지 이해한 이도 있었을 것이다. 예술가의 자취가 그 지역 이미지를 만들고 경제까지 살리는 산 증거이다.

우리 명화를 찾아서

　나는 2002년부터 우리 국토의 화가들 흔적을 더듬어 보고 기록으로 남기는 '한반도 미술 창고 뒤지기'라는 프로젝트를 하고 있다. 우리나라에 얼마나 많은 예술가들이 존재했고 그 자취가 남아 있을까 궁금해서 시작한 일이다.

예술가가 태어난 곳, 다녔던 학교, 즐겨 찾은 장소, 즐겨 그린 장소, 살았던 곳, 무덤 등 말 그대로 요람에서 무덤까지 전국 곳곳에 우리 미술가들의 자취를 밟아 보석처럼 드러내는 과정이었다. 이 작업은 아직도 끝나지 않았다.

정치, 경제, 문화의 중심지였던 옛 한양은 실로 수많은 화가들이 존재했고, 또 유명한 화가들이 살았던 곳이었다. 하지만 서울을 개발하면서 대부분의 화가들의 자취는 찾기 어려워졌다. 표석만 남아 있어도 다행이었다. 그에 비해 지방은 더딘 개발 덕에 추적 가능한 장소들이 제법 있었다. 이들은 유럽의 예술가 명소들과 빗대어 보아도 손색이 없을 만큼 훌륭했다. 하지만 말 그대로 무관심으로 방치되어 기억만 존재하거나 변형이 되고 있거나 곧 철거될 위기에 놓여 있었다. 이미 문화재로 지정된 곳조차 지역 주민들의 원성을 받기 일쑤였다. 예술가의 자취가 지역을 살릴 수 있는 좋은 자원인데도 이를 잘 몰라서, 그들은 지역 문화재들을 개발을 막는 미운 오리 새끼로 취급하고 있었다. 아이러니하게도 지금 전국 각 지역은 문화 예술 도시로 성장하기 위해서 허둥지둥한다. 우리 자랑스러운 예술가들의 자취를 정리하고 보존하여 특화시키는 일이 그 해법이 될 수 있는데 안타깝다. 한 예술가 때문에 유명해지고, 그곳의 예술을 감상하게 되고, 그 예술가의 작품을 활용한 다양한 상품이 개발되는 곳이 문화 예술 도시가 아니겠는가?

2006년까지 한반도 미술 창고 뒤지기를 한 결과를 지도로 기록했다.(오른쪽) 우리가 미처 잊고 있었던 보물과 같은 우리 예술가들의 자취를 보라. 얼마나 다양한 예술 명소가 한국에 존재하는지 놀라울 것이다. 아이들과 함께 이곳을 둘러보며 다양한 지역의 특성과 아름다움을 느끼고 우리 정체성을 재발견했으면 좋겠다. 엄마들이 우리 명화와 우리 예술가에게 관심을 쏟는다면 **한국에도 머지않아 렘브란트 하우스 같은 예술가의 명소들이** 세계적인 관광 명소로 자리매김할 수 있을 것이다.

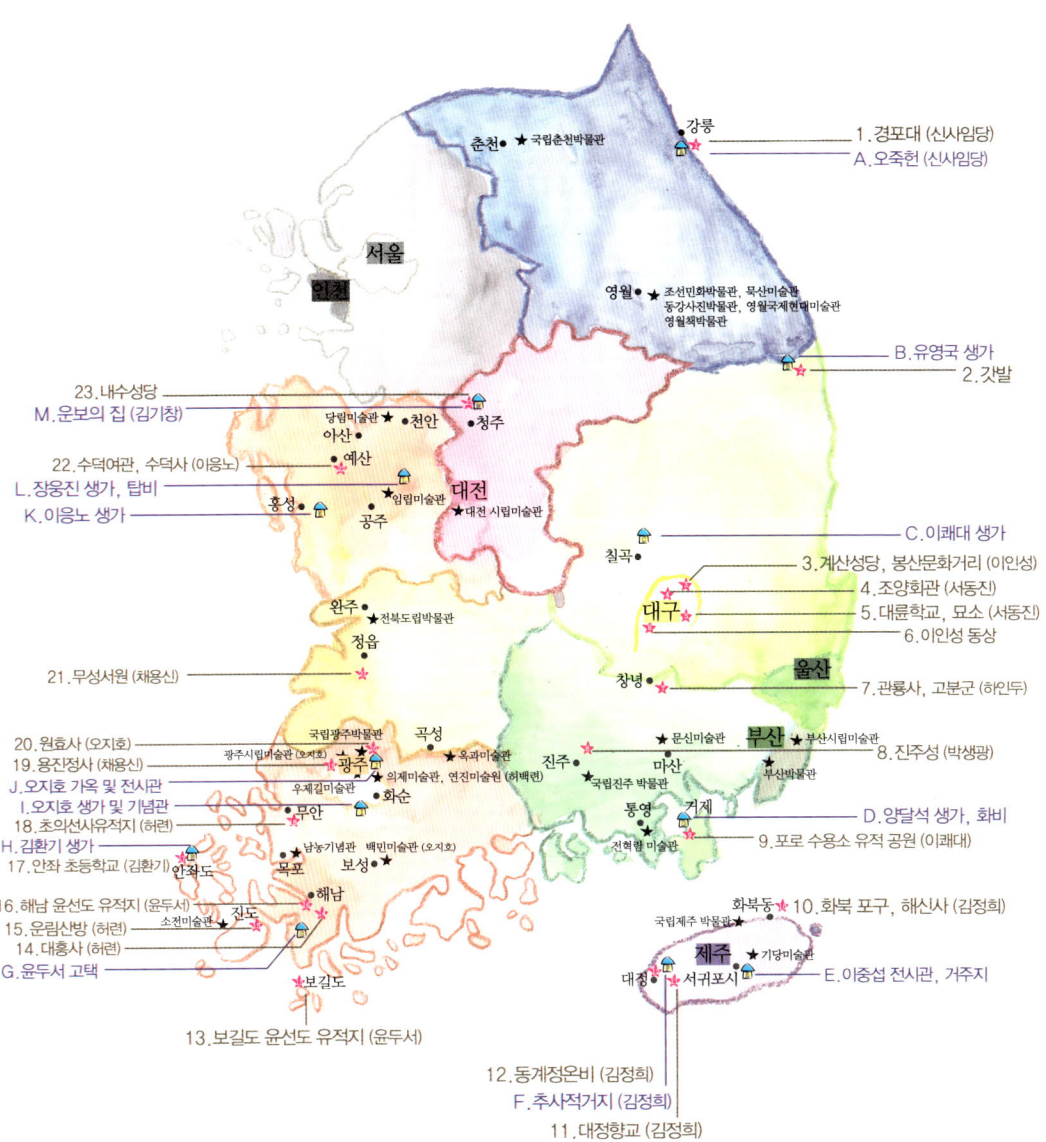

207

03
현대미술로
생각의 틀을 깨 보자

상상력의 전쟁터가 된 현대미술 전시장

"좀 쉽게 이해할 수 있도록 설명해 주세요."
"미술이 쉬워지는 강연 좀 부탁드립니다."
"쉬운 미술 방송 프로그램 좀 만들어 봅시다."

사람들은 너무 당당하게 '쉬운 미술'을 요구한다. 내가 인터뷰할 때마다 빠지지 않는 질문이 있다.

"어떻게 하면 미술을 쉽게 이해할 수 있나요?"

나도 한때는 미술을 쉽게 대중에게 알려 주려고 애썼던 사람이다. 둘째가라면 서러울 만큼 그 방면에 있어서 나름대로 노력을 했다. 그러면서 답을 얻었고, 이제는 당당히 말할 수 있다.

"원래 미술은 어려워요. 미술이 쉽다면 미술은 이 세상에 필요하지 않을지도 몰라요."

미술의 대중화를 부르짖는 내가 이런 답을 하다니!

기본으로 돌아가 생각해 보면 미술은 시대를 꿰뚫어 보고 비판하며 나아가 미래의 화두를 던지는 몸부림의 장르이다. 즉, 그 시대를 앞서가는 창의적인 생각을 마음껏 발산하는 분야라고 볼 수 있다. 어쩌면 지나치게 창의적인 발상이어서 평범한 사람들로서는 뜻을 알기 어렵고 불편한 작품들이 대부분이다.

우리가 비교적 잘 이해할 수 있는 고전미술이나 근대미술 역시 당대에는 난해하고 파격적인 장르였다는 사실을 기억하자. 예나 지금이나 미술가들은 어떻게 하면 남다르고 시대를 앞서가는 화두를 던질 수 있을까를 고민하며 투쟁하고 있다.

그러므로 미술 중에서도 '가장 이해하기 어려운' 현대미술은 매우 특별한 가치를 지닌다. 바로 창의력의 핵심과 맞닿아 있기 때문이다.

창의력의 핵심은 '질문하기'인데, 현대미술은 질문을 던지는 장르이다. 마치 재잘대는 아이들처럼 자유 분방한 사고로 새로운 사고를 뱉어 낸다. 현대미술 전시회를 가 보라. 현대미술은 예술가들의 **상상력의 전쟁터이다.**

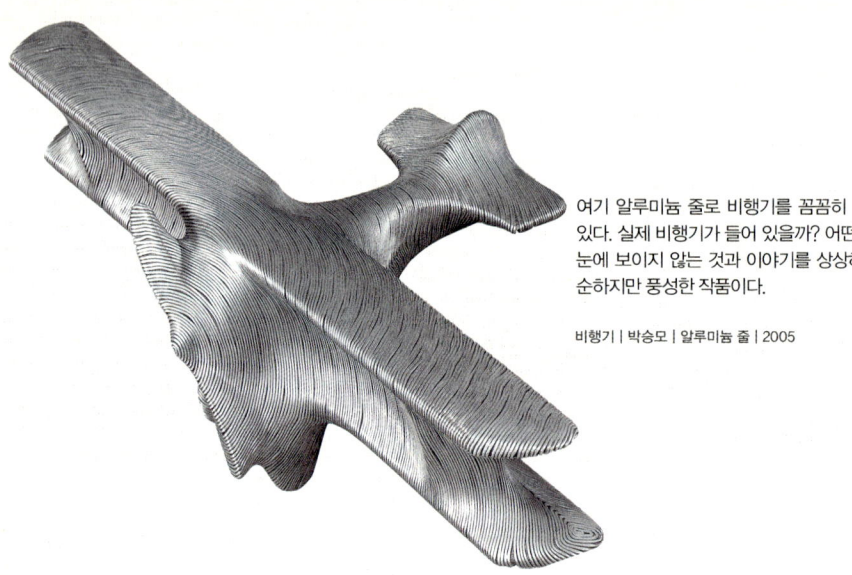

여기 알루미늄 줄로 비행기를 꼼꼼히 감싼 작품이 있다. 실제 비행기가 들어 있을까? 어떤 색일까? 등 눈에 보이지 않는 것과 이야기를 상상하게 하는 단순하지만 풍성한 작품이다.

비행기 | 박승모 | 알루미늄 줄 | 2005

지도 그림처럼 보이겠지만, 담배꽁초를 점점이 꽂아서 완성한 작품이다. 그림 앞에서 풍겨 나오는 담배 냄새를 상상해 보길! 수만 개의 담배꽁초를 모으는 것 자체가 질리는 일 같지 않은가?

한국지도 | 한원석 | 담배꽁초 | 2003

머리카락으로 제작한 작품이다. 우리가 하찮게 여기며 버리는 머리카락을 이 작가는 소중하게 모아서 실타래처럼 엮어서 만들어 놓고 실처럼 뽑아서 사용한다고 한다. 머리카락으로 만들어진 예술품!

Haute | 함연주 | 머리카락, 에폭시수지, 깃털, 마네킹
| 210x150x172 | 가변설치 | 2007

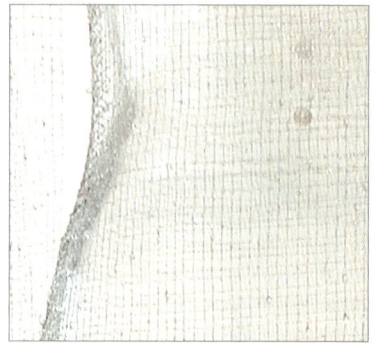

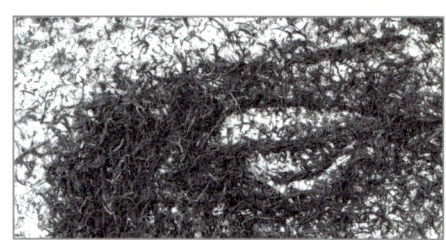

연필이 아니라 연필을 지운 지우개 찌꺼기로 만든, 석고 데생이 연상되는 작품이다. 데비 한이란 작가는 입시 미술에 대한 비판과 현대인의 선입견을 재발견하게 하는 작가로서 매우 특이한 방식으로 작품을 선보이고 있다.

지우개 드로잉 – 아리아스 | 데비 한 | 종이에 지우개 가루, 풀 |
56 x 79 | 2004

창의적인 사람들이 챙겨 보는 현대미술

예술가들은 저마다 독특한 작품을 선보이려 애쓰고 있다. 한마디로 무언가 다른 자신만의 세계를, 어디에서도 보지 못한 새로운 시도를 하고 싶어 한다. 그런데 전시장을 찾은 관람객이 자신의 작품을 보고 쉽게 이해한다면? 혹은 어디서인가 본 듯하다고 생각한다면? 아마 예술가로서는 치욕스러울지도 모른다. 예술가로서 솔직한 속마음을 밝혀 보자면, 예술가들은 관람객이 작품을 보며 납득이 안 가서 난감해하고 낯설어하고 당혹스러워할 때 쾌재를 부른다!

이 때문에 현대미술을 보러 가서는 이해보다 충격 받을 준비를 해야 한다. 세상 어디에서도 경험하지 못할 실험적이고 낯선, 생각해 본적도 없는 새로운 생각과 만나는 곳이 바로 전시장이기 때문이다.

생각해 보면 살면서 일상적이지 않은 경험을 할 수 있는 곳이 별로 없다. 우리가 생각보다 대단히 통제적인 사회에 살고 있고 유행에 따라 일정하게 움직이기 때문이다.

지루한 일상에서 현대미술 작품을 보며 받은 신선한 충격은 남다른 발상을 할 수 있는 밑거름이 된다. 실제로 창의적인 분야에서 일하는 많은 전문가들이 현대미술을 챙겨 보고 거기서 아이디어를 얻는다.

물론 한두 작품을 감상한다고 해서 당장 눈에 띄는 무언가를 얻을 수 있는 것은 아니다. 하지만 유난히 어색하고 불편한 느낌을 주었던 작품은 자기 생각의 틀을 깨는 계기가 되기도 하고, 고민하는 문제에 대한 색다른 해결법을 발견하는 기회가 되기도 한다. 현대미술 감상은 미래의 상상력에 대한 투자라고 볼 수 있다.

현대미술 전시를 보러 갈 때는 난해할 것이라는 선입견을 접고, '오늘은 어

떤 재미있는 작품과 만나게 될까?', '어떤 기발한 발상들이 나를 사로잡을까?'를 생각하며 설레어 하자.

현대미술 감상은 아이들이 선생님이다

어른들은 현대미술 전시장에 갈 때 미리 심각해지는 경향이 있다. 난해한 작품을 앞에 두고 머리를 굴려야 할 것 같은 생각이 드는 것이다. 아이들과 함께 간다면 이런 걱정은 기우에 불과하다. 아이들은 어른들처럼 현대미술을 어려워하지 않는다. 어른들이 현대미술을 어려워하는 까닭은 자신의 사고력 안에서 이해할 수 없기 때문이다. 하지만 아이들은 어차피 이 세상에 모든 것이 모르는 것투성이이다. 그들은 예술 작품을 외우거나 해석해야 할 대상으로 생각조차 하지 않는다. 아이가 전시장에 가는 일은 놀이터나 소풍 가는 것과 같은 의미이다. 작품 역시 호기심과 탐색의 대상일 뿐이다. 아이들은 본능적인 감각으로 작품과 소통할 줄 안다.

아이와 현대미술 전시장에 들어섰을 때 낯선 설치 작품을 마주했다고 치자. 아이는 엄마에게 저것(작품)이 무엇인지 물을 것이다. 이때 엄마가 작품을 어줍지 않게 설명하는 경우가 많은데 현대미술 작품을 감상할 때에는 오히려 아이가 선생님이다. 그러니 아이에게 물어보자.

"엄마 저게 뭐예요?"

"글쎄, 너는 무엇처럼 보이니?"

실제로 나는 아이와 작품을 볼 때 아이의 반응을 관찰하면서 새로운 발견을 한 적이 많았다. 내가 눈여겨보지 않는 부분에 딸이 관심을 보이면 그 곳을 다시 살펴보았고, 그럴 때마다 신선한 자극을 받을 수 있었다.

아이와 전시를 보면서 제목 정하기 놀이를 해 보자. 현대미술 중에 그러한 그림들을 고르는 일은 어렵지 않다. 아트페어를 활용하는 것도 좋겠다.

아트페어는 현재 활동하는 수많은 아티스트들의 작품들을 한 번에 볼 수 있다. 기획 전시에 비해 매우 많은 작품들이 있어 둘러보기가 쉽지 않지만, 다양한 작품을 접할 수 있는 장점도 있다. 개인전이나 그룹전들이 부티크숍이라면 아트페어는 모든 종류의 숍들이 모여 전시·판매하는 미술 백화점이라고 보면 된다. 그곳에서 아무리 봐도 이해 안 되는 그림들을 점찍어 두고 아이와 함께 제목을 붙여 보자. 엄마는 아이의 상상력과 기발한 발상을 접하면서 놀랍고 행복한 기분을 느낄 수 있을 것이다.

미술이 아름답다고?

아트 톡톡

우는 여인 | 피카소 | 캔버스에 오일 | 60 x 49 | 1937 | 런던 테이트 갤러리

'미술(美術)'이라는 단어는 때로 작품 감상을 방해하는 원인이 되기도 한다. 미술이 늘 아름다워야 한다고 생각하게끔 만드니까 말이다. 한번 솔직하게 말해 보자. 피카소의 작품(왼쪽)이 아름다운가? 우리는 흔히 그림 잘 그리는 사람을 빗대어 피카소 같다고 하기도 하지만, 도대체 피카소의 그림을 제대로 이해하고 그런 말을 하는 것일까? 아름다움에 대한 정의와 시각에 대해서 논쟁이 될 수는 있지만, 일반적인 시각으로 피카소의 입체파 작품들이 아름답다고 말하기는 어렵다. 피카소의 그림이 유명한 까닭은 그가 그린 그림이 특별히 아름다워서가 아니라 그 정신이 위대했고, 미술사적인 가치가 높아서이다. 미술사는 아름다움에 대해서가 아니라 아름다움에 대한 개념의 변화를 기록하는 학문이다. 그 작가와 작품이 세상의 변화에 얼마나 기여했으며 의미를 가지고 있는가, 그 뒤 나타난 현상을 뒷받침하기 위해 얼마나 존재 가치가 있는가를 중심으로 말이다. 미술은 아름다운 것이 아니라, 아름다움이란 무엇인지 생각하게 하는 분야이다. 그러므로 미술 공부를 통해 아름다움을 느끼려 하기보다는 역사와 시대를 통한 당대 예술가들의 생각을 배우는 계기로 삼아야 한다.

04
미술관을 놀이터로 만들자

미술관을 알차게 이용하는 법

예전에 텔레비전 미술 프로그램을 진행할 때 늘 위로부터 '미술 프로그램을 좀 쉽고 재미있게 만들어 보라.'며 압박을 받았다. 재미있는 미술 프로그램이라……. 어떤 재미를 말하는 것일까? 방송의 꽃이라 부르는 예능 프로그램이나 드라마는 당연히 재미있고 또 재미있어야 한다. 하지만 재미의 종류는 여러 가지가 아닌가? 마주하면 생각할 틈도 없이 마냥 우습고 신 나는 재미도 있지만, 우리 정신에 깊게 자리 잡은 감각을 깨우거나 상상력을 자극시키는 재미도 있다. 미술과 같은 교양 프로그램에서의 재미는 쇼 프로그램의 그것과는 분명히 다르고 또 달라야 한다.

문화 선진국은 미술관을 아이들에게 더없이 훌륭하고 고마운 놀이터로 본다. 이는 미술이 재미있다고 생각하기에 가능한 발상이 아닐까? 우리나라는 '미술관'을 현장 학습을 하러 가는 교육의 장소로만 생각하는 듯하다. 놀이와 교육을 철저히 분리해서 생각하는 것이다. 하지만 엄마가 미술관을 교육의 장으로만 생각한다면 학습 효과를 지나치게 기대하게 되어서 아이를 지치게 만들 수 있다.

시카고 대학의 한 연구팀 조사에 따르면 창의적인 인물의 상당수가 어렸을 때 정기적으로 미술관에 다녔다고 한다. 자주 드나들려면 우선 미술관이 부담스럽지 않고 재미있는 곳이란 인식부터 필요하다.

이제 우리도 미술관을 놀이터로, 미술을 재미있는 놀이로 생각을 바꾸어야 하는 시점이 되었다. 엄마들이 더 적극적으로 알차게 미술관을 활용한다면 충분히 가능한 일이다.

1. 미술관 소식과 전시 정보부터 챙기자

비록 숫자로는 문화 선진국에 비해 턱없이 부족하지만, 우리나라에도 전국적으로 꽤 많은 미술관과 박물관이 있는 편이다. 포털사이트에서 '미술관'이란 키워드만 입력해 보라. 전국 미술관들의 목록을 한눈에 볼 수 있다. 미술관마다 새로운 전시와 상설 전시를 진행하고 있으니 정보를 모아 보자. 그 밖에 미술 정보를 알차게 제공하는 사이트에서 미술계의 이슈와 화제가 되고 있는 전

알아 두세요! 알찬 미술 정보 사이트

네오룩 | www.neolook.net | 매일매일 새로운 전시 정보가 업데이트 되며 미술계 인명 목록도 제공한다.
김달진미술연구소 | www.daljin.com | 미술계 최신 뉴스와 각종 미술 자료와 관련 기관 정보를 제공한다.
갤러리가이드 | cafe.naver.com/galleryguide | 미술관 및 갤러리 정보와 미술계 동향을 알려 준다.
지오엑스포 | www.goexpo.co.kr | 전 세계 박람회 정보를 한눈에 볼 수 있다.
아트팩츠 | www.artfacts.net | 세계 미술계 소식과 아티스트 관련 자료를 검색할 수 있다.

시 등을 수시로 살펴보자. 가고 싶은 미술관과 전시 등을 미리 메모해 두고 미술관 나들이 계획을 짜 보면 어떨까? 이것은 전공과 직업 덕에 자연스럽게 자리 잡은 나의 습관이기도 하다.

2. 짧게 자주 가자

초등학생 중 대부분은 미술관이나 박물관에 가자고 하면 "거긴 지겨워, 재미없어, 다리 아파."라고 말한다. 학교 현장 수업에서 반별로 줄지어 가서는 한꺼번에 많은 작품을 보고, 수업이 끝난 후 방문기를 써내야 하는 곳으로 인식이 되어서다. 만약 어릴 때부터 엄마와 미술관을 놀이터 가듯이 자주 가 보았다면 이러한 고정관념이 먼저 자리 잡지는 않았을 것이다. 오히려 미술관 하면 아이가 먼저 가자고 조르거나, 공부하다가 잠깐 머리를 식히러 나들이가는 곳

미술관과 갤러리는 무엇이 다를까?

미술 감상을 할 수 있는 공간에 대한 용어들을 정리해 보자.

미술관 박물관은 자연물이나 생산품 그리고 역사 자료나 예술품 및 학술적 자료들을 수집하고 진열하여 전시하는 곳인데 반해 미술관은 미술품만을 수집·전시하는 곳이다. 미술품을 수집하여 자료화하고 시민들에게 역사적인 예술품을 관람하게 하는 공공성을 우선으로 한다. 상업적인 곳이 아니므로 전시된 작품들은 판매하지 못한다.

화랑(갤러리) 갤러리와 같은 용어로 전시하면서 작품도 매매하는 상업 공간이다. 미술관에 비해서 운영상의 자율성을 가지고 있어서 미술관보다 자유롭고 실험적인 작품들을 선보일 수 있다. 또한 발 빠른 미술계의 변화를 반영하고 갤러리의 재량에 따라 새로운 아티스트를 키우는 곳이 되기도 한다.

대안 공간 상업 갤러리들이 팔기 좋은 작품의 전시에 치중할 수 있는 것에 대비 균형을 잡아주는 비영리 미술 공간. 작품 판매를 염두에 두지 않고 가능성 있는 예술가들에게 실험과 창작을 할 수 있는 기회를 제공한다.

아트센터 갤러리뿐만 아니라 공연장 등이 추가된 복합 문화 공간을 말한다.

으로 여길 것이다. 아이가 어릴 때부터 엄마와 함께 미술관과 갤러리에 다녀 보자. 단, 모처럼 미술관이나 갤러리, 박물관에 들렀다고 지겹도록 진을 치지는 말자. 단숨에 모든 작품을 섭렵하겠다는 조급함은 훗날 미술관이나 갤러리에 대한 거부감을 만들 수 있다. 아이와 자주 부담 없이 놀러 가자.

3. 미술관 교육 프로그램에 적극적으로 참여하자

독일은 어린이 미술관 교육 프로그램의 천국이다. 독일에서 모처럼 시간적 여유가 생겨서 딸과 할 수 있는 흙 놀이나 밀가루 놀이 같은 체험 프로그램들을 수소문해 보았다. 독일 사람들은 이를 매우 의아하게 생각했다. 독일 아이들은 유치원이나 학교가 끝나면 대부분 놀이터에서 놀거나 저렴한 비용으로 미술관 프로그램에 참여하는 것이 전부이기 때문이다. 문화 선진국의 미술관과 박물관에서는 아이들을 위한 교육 프로그램이 많이 있다. 자체 프로그램도 많지만, 미술관과 박물관에서 아이들이 둘러 앉아 학교 수업을 하는 풍경도 자주 볼 수 있다. 명화나 유물을 가지고 미술뿐만 아니라 사회, 국사, 국어, 도덕, 수학, 문학 수업까지 한다. 미술관과 박물관을 활용한 교육 프로그램을 적극적으로 개발하고 있기 때문이다.

우리나라도 차츰 미술관에서 진행하는 교육 프로그램이 늘어나고 있다. 미술관 하면 전시만 떠올리지 말고 미술관에서 하고 있는 어린이

교육 프로그램을 찾아보자. 미술관 어린이 교육 프로그램은 비용이 거의 들지 않고, 프로그램의 질도 매우 우수하다. 다만 아직까지 프로그램의 수가 많지는 않아서 참여할 수 있는 인원이 한정적이다. 프로그램마다 선착순으로 마감이 되니 수시로 정보를 챙겨 보자.

추천 어린이 미술관과 박물관

국립과천현대미술관 | www.mmca.go.kr | 경기도 과천시 광명로 313 | 02-2188-6000
국립중앙박물관 | www.museum.go.kr | 서울시 용산구 서빙고로 137 | 02-2077-9000
국립서울과학관 | www.csc.go.kr | 서울시 종로구 창경궁로 215 | 02-3668-3350
헬로우뮤지움 | www.hellomuseum.com | 서울시 성동구 성수일로12길 20 | 02-3217-4422
북서울꿈의숲 | parks.seoul.go.kr | 서울시 강북구 월계로 173 | 02-2289-4001
북서울꿈의숲상상톡톡미술관 | www.dfac.or.kr | 서울시 강북구 월계로 173 | 02-2289-5443
서대문자연사박물관 | namu.sdm.go.kr | 서울시 서대문구 연희로32길 51 | 02-330-8899
국립과천과학관 | www.sciencecenter.go.kr | 경기도 과천시 상하벌로 110 | 02-3677-1500
경기도미술관 | gmoma.ggcf.kr | 경기도 안산시 단원구 동산로 268 | 031-481-7007
해태어린이미술관 | 경상북도 경산시 하양읍 대경로 541 | 053-852-8056
시안미술관 | www.cyanmuseum.org | 경상북도 영천시 화산면 가래실로 364 | 054-338-9391
에땅어린이미술관 | cafe.naver.com/ewhaecole |
경기도 성남시 분당구 문정로148번길 10 율동복합건물 | 031-704-3449
현대어린이책미술관 | www.hmoka.org | 경기도 성남시 분당구 판교역로146번길 20 |
031-5170-3700
장흥아트파크가나어린이미술관 | www.artpark.co.kr | 경기도 양주시 장흥면 권율로 117 |
031-877-0500
한립토이뮤지엄 | www.hanliptoymuseum.co.kr | 경기도 파주시 탄현면 헤이리마을길 25 |
031-957-8470
부산시립어린이미술관 | art.busan.go.kr/04_child/child01.jsp |
부산광역시 해운대구 APEC로 58 부산시립미술관 지하 1층 | 051-744-2602
클레이아크김해미술관 | www.clayarch.org | 경상남도 김해시 진례면 진례로 275-51 |
055-340-7000

 그림 엄마

4. 놀이하듯 작품을 감상하자

전시장에서 큐레이터나 도슨트에게 작품에 대한 설명을 들으며 이해하는 것은 좋은 일이다. 하지만 미술 작품을 볼 때는 아이들이 스스로 사고하고 상상하고 말로 표현하는 것이 더 중요하지 않을까?

"엄마랑 혜연이랑 각자 좋아하는 그림 한 점씩 골라 볼까?"

놀이하듯 서서히 아이에게 그림을 보고 생각과 느낌을 말하도록 유도해 보자. 아이는 제법 진지하게 작품을 몰두해서 보며 고를 것이다. 그런 다음 자신이 선택한 그림에 대해 그 이유를 기발한 상상력을 보태 가며 자유롭게 표현할 것이다.

5. 명화를 직접 보며 그리는 장소로 활용하자

미술사의 대가들은 역대 대가들의 작품을 무수하게 모작했다. 우리는 모방하며 학습하는 과정을 무시하거나 이를 부끄러워하는 경향이 있다. 충분한 모작을 바탕으로 창조가 가능한데 말이다. 아이들이 미술관에서 역사적인 작품을 직접 마주하며 그려 보게 하자. 문화 선진국에는 미술관에서 그림을 모작하는 풍경을 흔히 볼 수 있다. 그들에게 미술관은 단지 감상만 하는 곳이 아니라 대작의 모작을 해 볼 수 있는 공간이다. 그려 보아야 작품의 개성과 아름다움을 자기 것으로 만들 수 있다. 미술관을 모방 학습의 공간으로 이용하자.

우리도 미술관 축제가 있었으면!

독일 프랑크푸르트 도심지는 마인강 줄기를 따라 펼쳐진다. 산책하며 강변에서 즐기는 맥주 한 잔, 차 한 잔의 여유가 일품이다. 이 마인 강변에 뮤지엄들만 즐비한 거리가 있다.

'Friedensbruke'에서 'Alte Brucke'까지 일명 '뮤지엄 지구 Museumsufer'이다. 이곳에는 건축 박물관, 역사 박물관, 중세 조각 박물관, 성화 박물관, 필름 박물관, 괴테 박물관 등등 온갖 박물관들이 모여 있다. 박물관마다 뮤지엄 맵을 놓아 두는데, 그 안에는 그 달의 도시 전체 뮤지엄과 갤러리 맵 및 전시 정보들이 담겨 있다. 박물관 가운데 가장 유명한 곳은 '슈타델 뮤지엄 Städel Museum'이다. 이곳에 있는 '통신 뮤지엄' communication museum 앞에는 백남준 선생의 거대한 작품이 서 있어 자긍심을 갖게 한다.

이 뮤지엄 지구에서 매년 축제가 열린다. 이때만큼 프랑크푸르트에 사람이 많이 모이는 것을 본 적이 없는 것 같다. 이 축제는 티켓 한 장으로 모든 클럽에 갈 수 있는 홍대 앞 '클럽 데이'와 비슷하다. 저렴한 통합 티켓 한 장만 있으면 모든 뮤지엄에 들어갈 수 있다. 평상시 슈타델 뮤지엄의 입장권 값을 감안하면 엄청난 혜택인 것이다. 게다가 축제 기간에는 뮤지엄 앞에서 공연과 퍼포먼스가 연이어 벌어지고, 먹을거리를 파는 곳도 넘친다. 뮤지엄에 관심이 없는 사람이라 하더라도 먹고 공연 보면서 놀기에 좋다. 이 축제의 목적은 사람들이 이렇게 신 나게 축제를 즐기다가 뮤지엄 중 한 군데라도 들어가게 동기를 마련하는 것이다. 예전에 한 칼럼에서 서울 용산의 미군 기지를 이곳처럼 뮤지엄 거리로 만들자는 제안을 본 적이 있다. 적극적으로 찬성한다. 바로 그런 것이 서울을 문화 도시로 만드는 장기적인 전략이 아니겠는가?

참고문헌

365 창의력 만들기 대백과(2008) | 피오나 와트, 에리카 해리슨 | 미세기
과학을 통한 창의성 기르기 프로그램(1999) | 김재은, 최은숙 | 도서출판 학지사
그림으로 말하는 아이(2010) | 반경란,이동엽,이지연 | (주)시공사
그림으로 생각키우기(2002) | 고미타로 | 도서출판 창해
나무 쉽게 찾기(2004) | 윤주복 | 진선출판사
다빈치의 위대한 발명품(2006) | 도미니코 로렌차 | (주)시공사
레오나르도 다빈치처럼 생각하기(2003) | 마이크J.겔브 | 대산출판사
레오나르도 다빈치 위대한 예술과 과학(2008) | 카를로 페드레티 | 마로니에북스
명화 속에 숨겨진 사고력을 찾아라(2006) | 주득선,차오름 | 주니어김영사
미술로 행복해지는 아이들(2009) | 오현숙 | 도서출판 예경
발자국 소리가 큰 아이가 창의적이다(2006) | 김수연 | (주)시공사
발자국 소리가 큰 아이들(2004) | 김수연 | 도서출판 열림원
번뜩이는 아이디어, 발명, 특허로 성공하기(1999) | 유재복 | (주)새로운 제안
베끼고, 훔치고, 창조하라(2011) | 김종춘 | 매일경제신문사
별난 미술학교(2009) | 김일태 | 도서출판 예경
봄·여름·가을·겨울 바다일기(2000) | 고바야시 야스마사 | 진선출판사
사랑이 있으면 아이는 감동을 그린다(2002) | 박라미 | 도서출판 예경
삶을 위한 미술교육(2007) | 톰 앤더슨, 멜로디 밀브란트 | 도서출판 예경
생각 깨우기(2009) | 이어령 | 도서출판 푸른숲
생각(2009) | 이어령 | 생각의나무
생각의 탄생(2007) | 로버트 루트번스타인, 미셸 루트번스타인 | 에코의서재
세계의 미술 48.샤갈(1982) | 최양노 | 서문당
속담명언사전(1999) | 권천학 | 도서출판 풀잎문학
시프트 Shift : 생각의 프레임을 전환하라(2009) | 오세훈 | 리더스북
신나는 미술교실(1994) | 정희남 | 도서출판 생활지혜사
실내식물 개정판(2010) | 서정남 등저 | 부민문화사
아동미술교육 이론과 실제(2007) | 김춘일·윤정방 | 미진사
아이 스케치북에 손대지 마라(2008) | 김미영 | 동아일보사
엄마표 몬테소리 홈스쿨1(2009) | 마자파타밈 | 청어람미디어
엄마표 몬테소리 홈스쿨2(2009) | 마자파타밈 | 청어람미디어
엄마표 홈스쿨링(2009) | 진경혜 | 중앙북스
영재는 과학이다(2011) | 이창학 | 예담friend
예술가처럼 일하라(2008) | 스탠 데이비스, 데이비드 매킨토시 | (주)밀리언하우스
예술과 과학(2002) | 엘리안 스트로스베르 | (주)을유문화사
우리 아이 재능 개발 여행(2010) | 김성희, 신철희 | (주)시공사
인간을 위한 미술교육(1993) | 로웬펠드, 브리테인 | 미진사
자연은 발명의 천재(2004) | 베르너 나흐티갈 | (주)미래엔 컬처그룹
지능발달,오감발달123영아미술놀이(2004) | 심영옥,박은경.조윤경,최현진 | 도서출판 어린이뜰
지퍼에서 자동차까지(2010) | 샤론 로즈, 닐 슐라거 | (주)민음인

창의력 아이디어(2008) | 이호철 | 북오션
창의력에 미쳐라(2010) | 김광희 | (주)도서출판 넥서스
창의성 : 그 잠재력의 실현을 위하여(2009) | 스턴버그 등편 | (주)학지사
창의성과 학교 교육(2007) | Arthur J.Cropley | 도서출판 원미사
창의성의 발견(2011) | 최인수 | (주)쌤앤파커스
창의성의 즐거움(2003) | 미하이 칙센트미하이 | 북로드
창의폭발 엄마표 미술놀이(2008) | 김복실 | 이퍼블릭
창조습관(2010) | 이흥 | 도서출판 더숲
천재성을 깨워주는 명화이야기(2005) | 이명옥 | 다빈치기프트
천재성의 비밀(2001) | 아서 밀러 | (주)사이언스북스
PICASSO | 파블로 피카소, 피에르 덱스 | 열화당
핀란드 교실혁명(2009) | 후쿠타세이지 | 비아북
핀란드 교사는 무엇이 다른가(2010) | 마스다 유리야 | 시대의창
하늘을 상상한 레오나르도다빈치(2007) | Domenico Laurenza | 이치
한쩸마가 들려주는 명화 이야기(2000) | 한쩸마 | 한솔교육
화가처럼 생각하기1(2004) | 김재준 | (주)아트북스
화가처럼 생각하기2(2004) | 김재준 | (주)아트북스
Alexander calder:the paris years 1926-1933 | CALDER | WHITNEY
1001 créations autour du conte(2008) | Bernadette Theulet-Luziél casterman
DIY KIDS(2007) | ELLEN AND JULIA LUPTON | Princeton Architectural Press
Naturwerkstatt Landart(2005) | Andreas Güthler Kathrin Lacher | AT VERLAG
Vom Beet in den Top(2008) | Ein Garten- und Kochbuch für Kinder | DK
The lonesome puppy(2008) | YOSHITOMO NARA | chronicle books(2008) | unicef
Cute Stuff(2005) | ARANZI ARONZOIVERTICAL

평범한 엄마가 세계 인재를 만드는 창의력 레시피 《그림 엄마》 **특별 부록**

답 없는 창의력
Test Book

한젬마 지음

창의력을 깨우는 4가지 테스트
관찰력 | 상상력 | 자신감과 표현력 | 인내력

이 책은 정답이 없는 테스트 북입니다. 각각의 주제에 따라 그림을
그리는 과정을 통해서 아이의 창의적인 사고를 유도할 수 있습니다.

넥서스주니어

답 없는 창의력
Test Book

진정한 테스트를 해 보자!

몇 년 전 폴란드의 교육 방식을 보여 주는 다큐멘터리를 본 적이 있다. 내용 가운데 시험 풍경이 무척 인상적이었다. 아이들이 답을 쓰면서 고민하는 모습은 우리 시험 시간과 비슷했다. 다른 점은 선생님이 아이가 제출하려는 답안지를 보고 지도가 필요한 부분을 이야기해 주고, 아이에게 재검토하는 시간을 충분히 준다는 점이다. 그들에게 시험이란 배운 내용을 고민하고 궁금해하며, 자신의 약점을 발견하고 보완해 가는 시간이었다.

우린 정해진 시간 안에 정해진 답을 채워야 하는 잔인한 테스트 문화에 길들어 있다. 진정한 테스트란 아이가 자신의 재량을 충분히 펼쳐 보이고 부족한 부분을 고민하는 시간이 되어야 하는 것이 아닐까? 그림 엄마의 '답 없는 창의력 테스트'도 이 같은 이유로 만들었다. 진정한 테스트로 아이가 흥미진진하게 또 창의적으로 자신만의 답을 찾는 시간을 마련해 주자!

❶ 잎사귀 그리기

아이에게 머릿속에 떠오르는 잎사귀를 그려 보게 하자. 최소한 다섯 가지 이상 여러 가지 모양을 그리게 하자.

우리가 열마나 관찰력이 뛰어난지 알아보자. 그리고 대도시로는 갈수 있다. 우리 집 베란다에 놓인 화분들도 참 좋아하지만 때 다양하다는 것을 알 수 있다. 아이의 눈길을 잡아 끌기에 관찰에 필요하다.

1. 운동장이 아이들에게 잎사귀들이 쌓여 주지도 좋다.
2. 아이가 사진기를 잘 다루지 못한다면 재공이 엽사귀를 찾게 돼, 엄마가 사진을 찍는다.
3. 찍거린 이미지들을 편집 프로그램 아이에게 비교 보고 공통점과 잎사귀 그리기를 시도한다.

❷ 나무 색칠하기

관찰력 깨우기

엄마가 나무를 스케치해 준다. 잘 그리려고 애쓰지 않아도 되고 그저 흔히 볼 수 있는 나무 형상으로, 연필 스케치만 해 준다. 그러고 나서 24색 이상인 색연필, 물감, 파스텔 등을 준비해 아이에게 색 선택권을 준 다음, 나무의 색깔을 칠해 보게 하자.

아이들과 수목원에 갔을 때 살펴 보게 하자. 수피가 흰것, 검은것, 고동색, 갈색, 밤색인것, 매끈한것, 그 외 갈라짐의 모양들이 지그재그 아이이이이잉, 나무 옆구리 주머니 모양 등등 수피의 갈라짐 모양을 살펴 보면서 그 개성적인 것을 사용할 것인지 아니지 결제 나무 껍질에도 개성이 가질색이다.

1. 잘 고른 탄생목이 근심 걱정 등에서 나무를 찾는다.
2. 아이가 잘된 색깔 나무를 피곤하다.
3. 나이보다 색이 다르므로 약간 게이 나무를 피곤해도 좋다.
4. 아이가 지칠 만큼 얇아서 나무 색을 골라서 좋아야 한다.
5. 나이가 나이의 생채보다 아니라 건강의 만족할 수 있는것 등등.

관찰력
깨우기

3 꽃 감상한 후 그리기

식물원을 날 잡아 방문해 보자. 일정이 힘들면 혹은 식물도감이나 인터넷 이미지 검색을 통해서 아주 개성 있는 꽃들을 보여 주자. 아이와 충분히 대화를 나누며 꽃을 관찰해 보라.

방금 아이는 세상에 얼마ᅡ 재미나고 신기한 꽃들이 많은지 알았다. 그리고 어쩌면 처음으로 다양한 꽃들을 자세히 관찰하는 시간을 가졌을지도 모른다. 이제 아이와 감상했던 다양한 꽃의 색과 형태를 기억하면서 그려 보게 하자.

❹ 물속 오징어 그리기

물속 풍경을 그릴 때 오징어는 단골 소재이다. 오징어를 그려 보게 하자. 반드시 아이에게 어항이나 바다 등 물속에 있는 오징어라는 사실을 강조면서 그려 보게 하자.

아이가 **그림 1**의 오징어를 그리지 않았는가?

대부분 생물 오징어보다는 마른 오징어를 친숙하게 보았을 테고 삼각형 머리, 더 큰 삼각형 몸통을 정형화하여 그리는 오징어에 길들여져 있다. 실제 물속 오징어는 **그림 2**처럼 똑바로 서 있는 것이 아니라 90도 각도로 전진한다. 몸통은 넙적한 삼각형이 아니라 둥글고 긴 미사일형이고 다리도 사방으로 퍼져 있지 않다.

1. 아이를 데리고 수산 시장이나 횟집 어항 앞으로 간다. 해양 생물에 관한 책을 참고로 해도 좋다.
2. 물속 오징어 눈의 위치, 다리 개수, 몸통의 모양, 물속에서의 움직임 등을 아이와 함께 대화하며 관찰한다.
3. 충분히 관찰한 후 아이에게 물속 오징어를 다시 한 번 그려 보게 한다.

그림 1

그림 2

관찰력
깨우기

5 자동차 그리기

모양이나 구조가 복잡한 사물은 아이들의 관찰량을 측정하기에 좋다. 아이에게 실제 자동차 혹은 장난감 자동차를 관찰하게 하자. 자동차를 보면서 자동차에 무엇, 무엇이 있는지 말하게 한다. 대화만으로도 아이의 관찰력을 읽어볼 수 있다. 자, 이제 자동차를 충분히 관찰한 후 그려 보게 하자.

모두 **그림** 1의 자동차를 그리지 않았는가?

실제 자동차는 매우 복잡한 구조를 갖고 있다. 실제 자동차의 거울은 어떤 모양인지, 창문과 바퀴는 몇 개인지, 라이트와 차 번호표는 어느 위치에 있는지, 문과 라이트 조명 모양은 어떠한지, 타이어 문양은 어떠한지 자세히 관찰해 보자.

1. 아이를 데리고 차가 많이 서 있는 길가에 간다.
2. 문, 라이트, 타이어, 그 외 자동차 구석구석을 아이와 함께 대화하며 관찰한다.
3. 충분히 관찰한 후 아이에게 자동차를 다시 한 번 그려 보게 한다.
4. 선긋기를 제대로 못하는 것은 상관없으니 아이가 관찰한 것을 바탕으로 그리고 있는지만 살펴본다.

그림 1

그림 2

❶ 상상 꽃 탄생시키기

아이에게 본 적이 없는, 세상에 존재하지 않는 자신만의 꽃을 탄생시키게 하자.
아이들은 저마다 신기하고 기발하고 아름다운 꽃을 만들어낼 수 있을 것이다.

꽃 모양 꽃. 꽃잎이 여러 가지로 된 모양으로 된 사랑지 꽃이다. 꽃판에 빼곡 있는 꽃잎들이 중심이 잘 나타나 있다.

따라 만들기 꽃. 둥근 모양의 꽃잎이 많이 나사서 꽃 만들 때, 매우 아름다운 꽃이 된다.

사각형 모양 꽃잎에 하얀 꽃잎과 매듭으로 붙여 만들어서 꽃잎 사이사이 꽃이 필 수 있고, 꽃 사이를 연결 해서 꽃 모양 등을 만들 수가 있다.

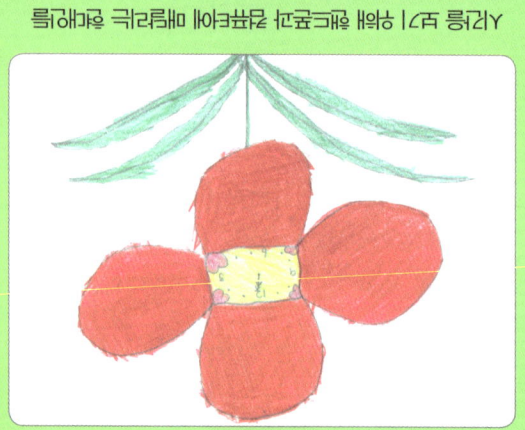

어린이 그린 사랑지 꽃

❷ 상상 물고기 탄생시키기

세상에 존재하지 않는, 만약 세상에 있다면 아름답고 이로울 물고기를 탄생시키게 하자. 상상 꽃과 더불어 아이들의 놀라운 상상력을 확인할 수 있을 것이다.

아이들이 그린 상상 물고기 예시

해초이면서 물고기여서 일석이조로
사람에게 이로운 물고기.

먹잇감은 독을 쏘아서 마비시켜 잡고 인간
들이 버린 쓰레기를 먹어 치우며 매일 500
개씩 알을 낳는 물고기.

사람들의 쉼터가 되어 주는 섬 물고기.

상상력 깨우기

③ 감정 그리기

사랑, 행복, 기쁨, 슬픔, 화남 등의 감정과 힘, 끈기, 용기 등의 추상적 개념을 그려 보게 하자. 아이의 현재 감정과 상상력을 동시에 읽어 볼 수 있을 것이다.

4 묶음으로 배열하기

여러 컷의 만화 가지고 이미지를 만들게 한다. 웃기고 재미있는 상상, 동그란 것이 많이 있나?, '동그란 것만 모아 기억하면 상상력과 기억력에 도움이 된다. 아이디어가 생각나지 않고 막막할 때에는 이어붙여 수를 늘려보자. 잘 기억할 수 있을 것이다.

※ 색깔과 비율 등을 응용해 볼 수 있다.

상상놀이터

자신감과 표현력 기르기

❶ 언어 표현력을 기르는 그림 읽기

무언가를 자기 방식대로 읽어 내고 발표할 수 있다는 것은 그만큼 감수성이 뛰어나고 자신감이 넘친다는 뜻이다. 그림 읽기는 아이를 칭찬하고 용기를 북돋울 수 있는 좋은 기회를 제공한다. 엄마가 알지 못하는 그림이어도 상관없다. 그냥 그림을 보고 아이가 마음대로 제목을 붙이고 느낌을 말하도록 해 보자. 아이의 사고력과 어휘력이 멋지고 아름답게 성장할 것이다.

※ 작품의 제목은 오른쪽 하단을 참조할 것.

바실리 칸딘스키 ｜ 120×140 ｜ 캔버스에 수채 ｜ 1913

후앙 미로 ｜ 복합재료 ｜ 개인 소장

자신감과 표현력 기르기

② 동물 흉내 퍼포먼스하기

코끼리, 호랑이, 강아지, 고양이, 말, 캥거루, 토끼……
그림책에 자주 등장하는 동물들의 꼬리를 스케치북에 비슷하게 그리고 색칠한 뒤 오리자. 그러고는 아이 바지 안쪽으로 그 꼬리 그림을 살짝 꽂아 주자.
"우리 딸 코끼리가 되었네?", "이번엔 엄마 찾는 토끼 같은데?", 아이에게 재미난 과제를 던져 주고 퍼포먼스를 하게 해 보자. 아이는 동물 시늉을 하며 금세 즐거워할 것이다.

동물 퍼포먼스 더 제안하기

1. 배고픈 코끼리가 냉장고 음식 배불리 꺼내 먹고 잠자는 흉내를 내보게 한다.
2. 공룡 머리에 올라타고 내려다보는 풍경을 상상하게 한다.
3. 꽃밭에서 춤을 추는 벌 흉내를 내보게 한다.

인내력 쌓기

❶ 신문지 활용하기

아이들에게는 때때로 지루함도 필요하다. 신문지를 이용해서 참을성을 길러 주는 놀이를 하게 해 보자. 견딜 수 있는 지루함의 한계를 넘어서면 그만큼 인내력이 길러질 수 있을 것이다.

1. 크게 펼친 신문을 놓고 왼쪽에서 오른쪽으로 위에서 아래로 선 긋기를 하게 한다.
2. 신문지를 같은 간격으로 뜯거나 가위질을 하게 한다.
3. 아이에게 신문에 수많은 사각 박스를 찾게 하고 이를 본떠서 하나하나 그려 보게 한다.

※ 한 가지 놀이는 다소 지루할 수 있기에 적절하게 다른 놀이를 끼워 넣어 진행하자.
※ 한 가지 목표를 성취하면 아이가 하고 싶어 하는 것을 승낙하거나 해결해 주는 조건을 달아도 좋다.

마음대로 그려 보기

마음대로 그려 보기

아이돌 그리며 보기

엄마와 함께하는 **답 없는 창의력 Test Book**

(주)넥서스 | www.nexusbook.com
121-840 서울시 마포구 서교동 394-2
Tel (02)330-5500 | Fax (02)330-5555